하루 10분으로 한자 급수와 어휘력을 완성하는

뿌리깊은 초등국어 한자 6급

6단계(6급) 초등 1~3학년 대상

(사)한국어문회 주관 한국한자능력검정회 시행 기준

초판 2쇄 발행일 2021년 11월 20일 **발행처** ㈜마더텅 **발행인** 문숙영
책임편집 장윤미 **집필 및 교정** 장윤미, 김보라, 김소율, 손정선
베타테스트 남기명(서울 강덕초), 이기온, 이재원(서울 강덕초)
디자인 김연실, 양은선 **일러스트** 이혜승 **인디자인편집** 김양자
제작 이주영 **주소** 서울시 금천구 가마산로 96, 708호 **등록번호** 제1-2423호(1999년 1월 8일)

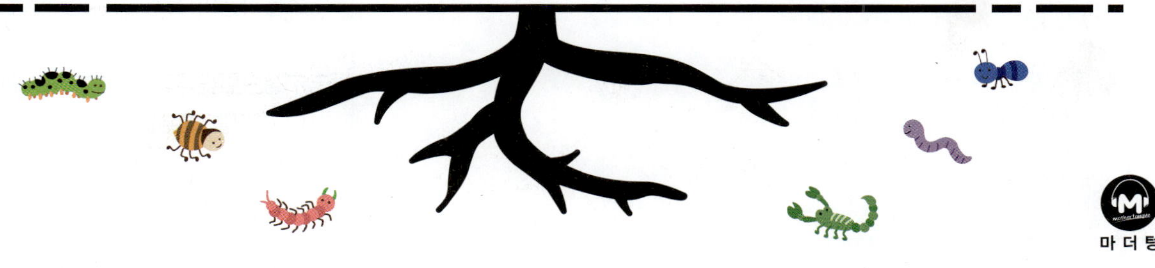

마 더 텅

구성 1

주간학습계획표

〈뿌리깊은 초등국어 한자 6급(6단계)〉은 공부할 내용을 주 단위로 묶었습니다.
'주간학습계획표'를 활용하여 한 주 동안 공부할 내용을 미리 살펴보고
스스로 계획을 세울 수 있습니다.

구성 2

학습한자 확인

해당 한자의 뜻과 음을 확인하는 순서입니다.
한자의 어원을 초등학생 수준에서
이해할 수 있도록 쉽게 각색하여 설명하고,
그림으로 나타내었습니다.
한자 단어를 사용한 예문과,
한자를 쉽게 풀어 설명한 예문을 함께
수록하였습니다.
또한, 한자의 쓰임과 어울리는 간단한 영단어를
추가하여 학생들이 영어와 한자를 동시에
학습할 수 있도록 하였습니다.

구성 3

교과 단어 더하기

해당 한자를 활용한 단어를 교과서에 나오는
어휘 중심으로 수록하였습니다.
초등학생이 자주 쓰는 단어들뿐만 아니라
초등학생이 꼭 알아야하는 단어들로
구성하였습니다. 교과서 표시를 보고 몇 학년이
이 어휘를 배우는지 확인할 수 있습니다.
또한, 간단한 문제를 통해 학생들이 교과 단어의
뜻을 한 번 더 확인하며 익힐 수 있습니다.

한자 쓰기

한자를 쓰며 부수와 획순을 익히는 순서입니다.
모든 획순마다 방향이 표시되어 있고, 회색 따라쓰기로 처음부터 마지막까지 획순대로
따라 쓸 수 있게 되어있습니다. 3번은 해설지에 따로 답이 표시되어 있지 않고 모든 칸을
정확하게 다 채우면 정답입니다. 표의 구성대로 한자를 쓰다보면,
자연스럽게 한자를 획순대로 정확하게 익히고 바르게 쓸 수 있게 될 것입니다.

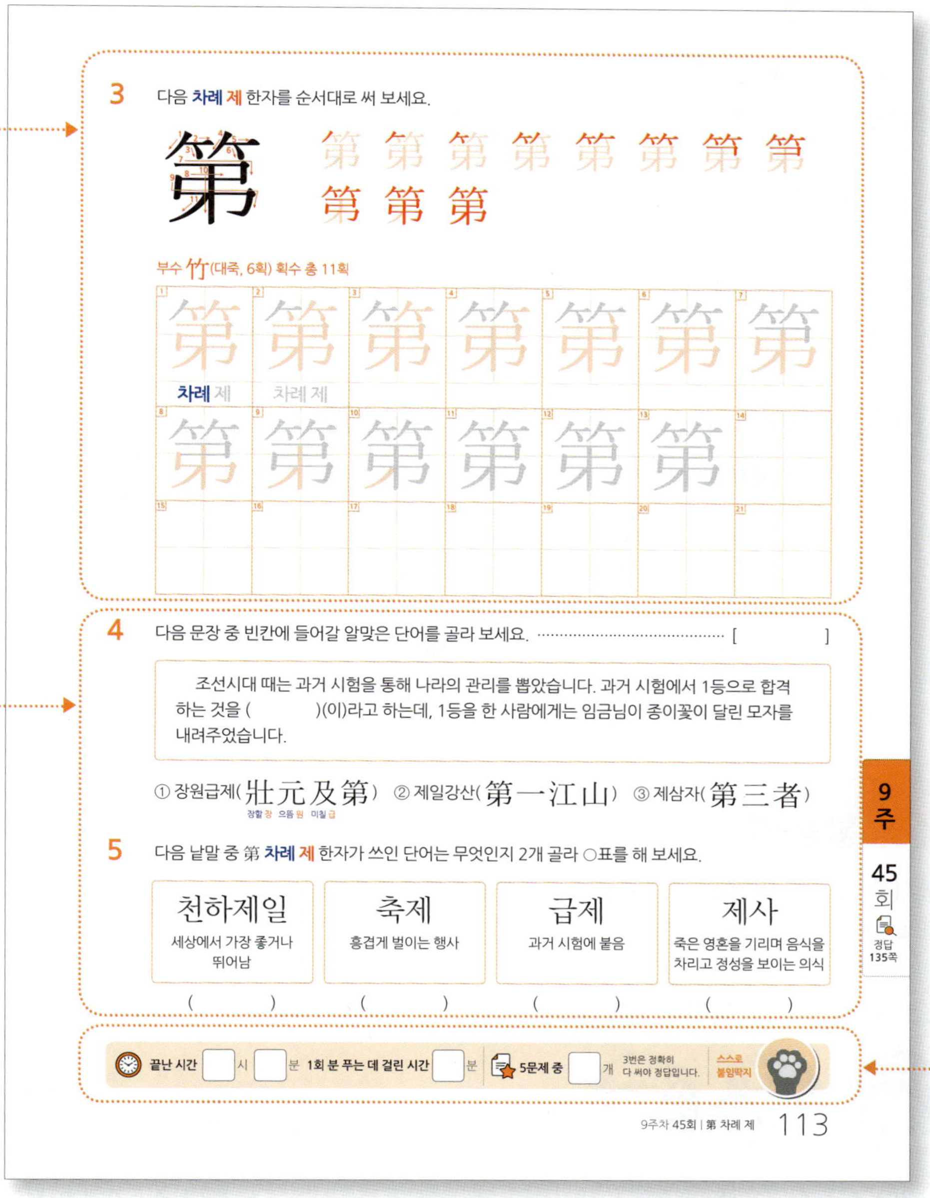

---

3 다음 **차례 제** 한자를 순서대로 써 보세요.

第 第 第 第 第 第 第 第 第 第 第 第

부수 竹(대죽, 6획) 획수 총 11획

4 다음 문장 중 빈칸에 들어갈 알맞은 단어를 골라 보세요. ⋯⋯⋯⋯⋯⋯⋯⋯ [　　]

> 조선시대 때는 과거 시험을 통해 나라의 관리를 뽑았습니다. 과거 시험에서 1등으로 합격하는 것을 (　　　　)(이)라고 하는데, 1등을 한 사람에게는 임금님이 종이꽃이 달린 모자를 내려주었습니다.

① 장원급제(壯元及第)　　② 제일강산(第一江山)　　③ 제삼자(第三者)
　　장할 장 으뜸 원 미칠 급

5 다음 낱말 중 第 **차례 제** 한자가 쓰인 단어는 무엇인지 2개 골라 ○표를 해 보세요.

천하제일	축제	급제	제사
세상에서 가장 좋거나 뛰어남	흥겹게 벌이는 행사	과거 시험에 붙음	죽은 영혼을 기리며 음식을 차리고 정성을 보이는 의식
(　　)	(　　)	(　　)	(　　)

9주

45회
📖 정답 135쪽

끝난 시간 　시 　분　1회 분 푸는 데 걸린 시간 　분　★ 5문제 중 　개　3번은 정확히 다 써야 정답입니다.　스스로 붙임딱지

어휘력 강화 문제

〈뿌리깊은 초등국어 한자 6급(6단계)〉에는 한자를 익히고
활용하여 풀 수 있는 다양한 문제들이 들어있습니다.
한자어, 관용어 등을 통해 한자가 실제 언어생활에서
어떻게 사용되는지 살펴보고, 한자가 가지고 있는
여러 뜻을 파악할 수 있습니다.

학습결과 점검표

한 회를 마칠 때마다 걸린 시간 및 맞힌 문제의 개수, 그리고
'평가 붙임딱지'를 붙일 수 있는 (자기주도평가)란이 있습니다.
모든 공부를 다 마친 후 스스로 그 결과를 기록함으로써
그날의 공부를 다시 한 번 되짚어볼 수 있으며,
성취해 나가는 기쁨을 느낄 수 있습니다.

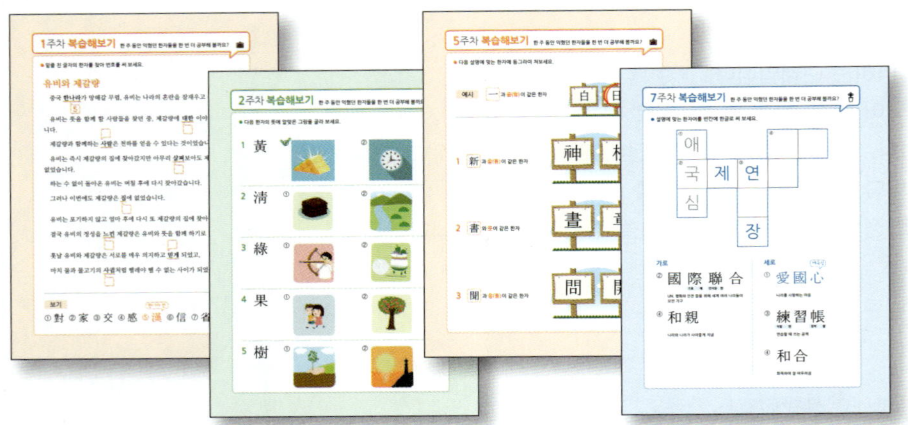

다양한 주간 복습 활동

<뿌리깊은 초등국어 한자 6급(6단계)>에는
주마다 한자 복습에 도움이 될 만한 다양한
활동들이 실려 있습니다.

한자 나무 기르기

<뿌리깊은 초등국어 한자 6급(6단계)>은 학생이 공부한 진도를 확인할 수 있도록 '한자 나무 기르기'를 부록으로 실었습니다.
회차를 마칠 때마다 알맞은 칸에 붙임딱지를 붙여서 한자 나무를 완성해 보세요.

한자 나무 기르기 붙임딱지 활용법

공부를 마치면 나무에 알맞은 붙임딱지를
'한자 나무 기르기'에 붙이세요.
나무를 완성해 가면서 끝까지 공부를 했다는
성취감을 느껴 보세요.
＊한자 나무 기르기는 뒤표지 안쪽에 있습니다.

스스로 붙임딱지 활용법

공부를 마치면 아래 보기를 참고해 알맞은 붙임딱지를 '학습결과 점검표'에 붙이세요.
＊붙임딱지는 마지막 장에 있습니다.

다 풀고 나서 스스로 대단하다는 생각이 들었을 때

- **정답 수** : 4개 이상
- **걸린 시간** : 10분 이하

열심히 풀었지만 어려운 문제가 있었을 때

- **정답 수** : 3개 이하
- **걸린 시간** : 15분 이상

오늘 배운 내용이 재미있었을 때

- 점수와 상관없이 학생이 재미있게 학습했다면

스스로 공부를 시작하고 끝까지 마쳤을 때

- 학생이 스스로 먼저 오늘 할 공부를 시작하고
  끝까지 했다면

* 6급은 50자씩 세 권으로 나누어 4, 5, 6단계에 수록하였습니다.

1주차

주간학습계획표

회차	학습내용		학습계획일
01회	反 돌이킬 반		월 일
02회	對 대할 대		월 일
03회	省 살필 성		월 일
04회	交 사귈 교		월 일
05회	感 느낄 감		월 일

反

뜻(훈)　돌이킬
소리(음)　반

영어　oppose 반대하다

돌이키다

돌이킬　반

돌이킬　반

[**돌이킬 반**은 **손으로 물건을 뒤집는 모습**을 나타낸 한자입니다.]

반이라고 읽으며 돌이키다, 배반하다, 반대하다 등의 뜻이 있습니다.

예문 건전지를 반대로 끼우면 전원이 켜지지 않아.
= 건전지를 거꾸로 끼우면 전원이 켜지지 않아.

📖 **교과어휘**

① **반대**(反　對) 상태나 방향이 서로 맞섬　국어 1-1(가)
　　돌이킬 반 대할 대
② **반칙**(反　則) 규칙이나 법칙을 어김
　　돌이킬 반 법칙 칙
③ **반성**(反　省) 자신의 행동이나 말에 잘못이 없는지 돌이켜 살핌　국어 4-2(가)
　　돌이킬 반 살필 성
④ **찬반**(贊　反) 찬성과 반대　국어 5-1(가)
　　도울 찬 돌이킬 반
⑤ **반응**(反　應) 자극으로 인해 일어난 어떤 현상이나 행동　국어활동 2-1
　　돌이킬 반 응할 응
⑥ **반복**(反　復) 여러 번 되풀이함　국어 2-1(가)
　　돌이킬 반 회복할 복
⑦ **반항**(反　抗) 순순히 따르지 않고 저항함
　　돌이킬 반 겨룰 항

1 다음 한자의 뜻(훈)과 소리(음)를 써 보세요.

反　　뜻(훈): ___________　　　소리(음): ___________

2 다음 뜻에 알맞은 단어를 골라 빈칸에 한글로 써 보세요.

[1] 자신의 행동이나 말에 잘못이 없는지 돌이켜 살핌

① 反復　　　② 反省
　회복할 복　　　살필 성

[2] 규칙이나 법칙을 어김

① 反抗　　　② 反則
　겨룰 항　　　법칙 칙

3 다음 **돌이킬 반** 한자를 순서대로 써 보세요.

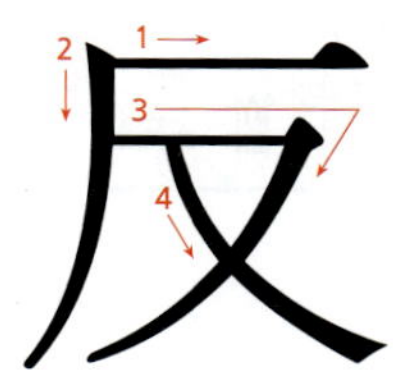

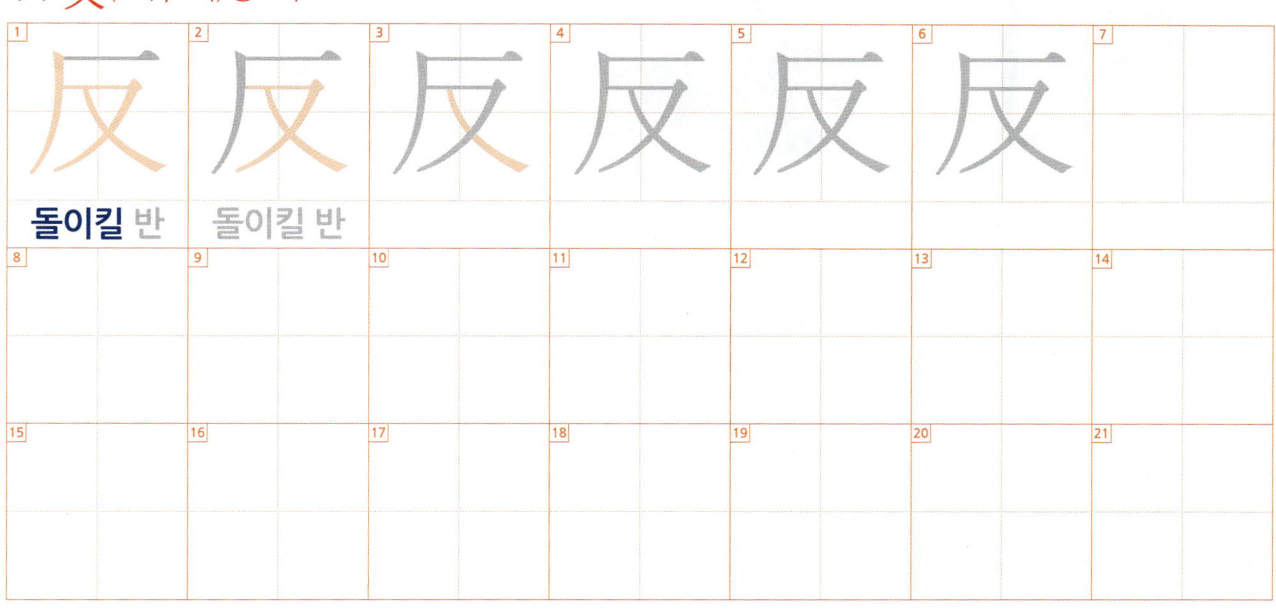

부수 又 (또우, 2획) 총 4획

反	反	反	反	反	反	
돌이킬 반	돌이킬 반					

4 다음 문장 중 밑줄 친 부분을 한자어로 써 보세요.

> '청개구리'라는 단어는 모든 말에 **거꾸로** 행동하는 사람을 비유적으로 가리키는 말입니다.

거꾸로 = [   ] 對

5 다음 낱말 중 反 **돌이킬 반** 한자가 쓰인 단어는 무엇인지 2개 골라 ○표를 해 보세요.

반장	한반도	찬반	반응
반을 대표하는 우두머리	남한과 북한을 한꺼번에 이르는 말	찬성과 반대	자극으로 인해 일어난 어떤 현상이나 행동
( )	( )	( )	( )

 끝난 시간 [ ] 시 [ ] 분 **1회 분 푸는 데 걸린 시간** [ ] 분 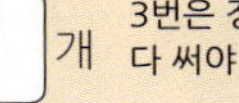 **5문제 중** [ ] 개 3번은 정확히 다 써야 정답입니다. **스스로 붙임딱지** 

공부한 날 ☐ 월 ☐ 일
시작 시간 ☐ 시 ☐ 분

對

뜻(훈) 대할
소리(음) 대
영어 treat 대하다

대하다

대할 대

對
대할 대

[대할 대는 **불을 밝혀 다른 사람을 마주하는 모습**을 나타낸 한자입니다.]

대라고 읽으며 대하다, 마주하다 등의 뜻이 있습니다.

예문 오늘 학교에서 재난 대응 훈련을 했다.
= 오늘 학교에서 재난에 대해 반응하는 훈련을 했다.

교과어휘

① **대답**(對 答) 다른 사람의 말이나 물음에 대하여 답하는 말 국어 1-1(나)
대할 대 대답 답

② **대화**(對 話) 서로 마주하여 말을 나눔 국어 1-1(나)
대할 대 말씀 화

③ **반대**(反 對) 상태나 방향이 서로 맞섬 국어 1-1(가)
돌이킬 반 대할 대

④ **정반대**(正 反 對) 상태나 방향이 완전히 서로 맞섬 국어 3-2(가)
바를 정 돌이킬 반 대할 대

⑤ **절대**(絕 對) 상대할 만한 것이 없음. 또는 아무 제한을 받지 않음 국어활동 1-1
끊을 절 대할 대

⑥ **상대방**(相 對 方) 마주하고 있는 사람 국어 4-1(가)
서로 상 대할 대 모 방

⑦ **대응**(對 應) 어떤 일에 대하여 행동이나 반응을 함 국어 3-1(나)
대할 대 응할 응

---

1 다음 한자의 뜻(훈)과 소리(음)를 써 보세요.

對 뜻(훈): ___________________ 소리(음): ___________________

2 다음 뜻에 알맞은 단어를 골라 빈칸에 한글로 써 보세요.

[1] 상태나 방향이 완전히 서로 맞섬

① 正反對   ② 相對方
서로 상

[2] 서로 마주하며 말을 나눔

① 對話   ② 反對

3 다음 **대할 대** 한자를 순서대로 써 보세요.

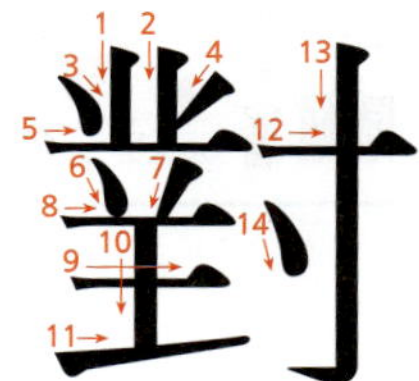

부수 寸(마디촌, 3획) 획수 총 14획

1	2	3	4	5	6	7
對	對	對	對	對	對	對
대할 대	대할 대					

8	9	10	11	12	13	14
對	對	對	對	對	對	對

15	16	17	18	19	20	21
對	對					

4 다음 문장 중 밑줄 친 한자의 음(音)을 써 보세요.

수영이는 선생님이 부르시면 항상 우렁차게 **對答**한다.

(   )

5 다음 낱말 중 對 **대할 대** 한자가 쓰인 단어는 무엇인지 2개 골라 ○표를 해 보세요.

대응	확대	절대	대학생
어떤 일에 대하여 행동이나 반응을 함	넓히거나 크게 함	상대할 만한 것이 없음	대학교를 다니는 학생
( )	( )	( )	( )

끝난 시간 [ ]시 [ ]분 **1회 분 푸는 데 걸린 시간** [ ]분 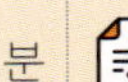 **5문제 중** [ ]개   3번은 정확히 다 써야 정답입니다.   **스스로 붙임딱지**

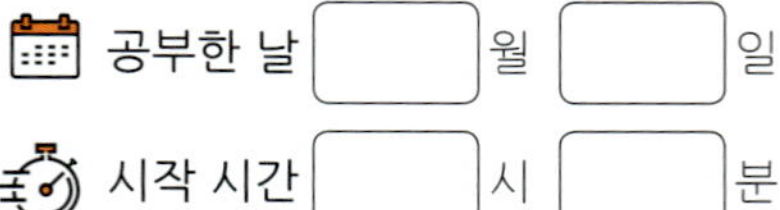

공부한 날 [ ]월 [ ]일
시작 시간 [ ]시 [ ]분

省

뜻(훈)	살필
소리(음)	성

영어 care 살피다

[**살필 성**은 **아주 작은 것까지도 자세히 보는 모습**을 나타낸 한자입니다.]

성이라고 읽으며 살피다, 덜다 등의 뜻이 있습니다.

* 省은 '덜 생'의 뜻도 있습니다. 예 생략(省略)

예문 나는 숙제를 안 한 것에 대해 반성했어.
= 나는 숙제를 안 한 것에 대해 잘못을 뉘우쳤어.

📖 교과어휘

① **반성**(反 省) 자신의 행동이나 말에 잘못이 없는지 돌이켜 살핌 국어 4-2(가)
돌이킬 반 살필 성
② **반성문**(反 省 文) 자신의 잘못을 돌이켜보는 뜻으로 쓰는 글
돌이킬 반 살필 성 글월 문
③ **성묘**(省 墓) 조상의 산소에 인사하고 산소를 돌봄 가을 1-2
살필 성 무덤 묘
④ **내성적**(內 省 的) 속마음이나 감정을 겉으로 잘 드러내지 않음
안 내 살필 성 과녁 적
⑤ **귀성**(歸 省) 부모님을 뵙기 위해 다른 지역에서 고향으로 돌아감
돌아갈 귀 살필 성
⑥ **생략**(省 略) 일부를 덜어서 줄임 국어 3-1(나)
덜 생 간략할 략

---

1 다음 한자의 뜻(훈)과 소리(음)를 써 보세요.

省   뜻(훈): ___________________   소리(음): ___________________

2 다음 뜻에 알맞은 단어를 골라 빈칸에 한글로 써 보세요.

[1] 자신의 잘못을 돌이켜보는 뜻으로 쓰는 글

① 內省的   ② 反省文
과녁 적

[2] 자신의 행동이나 말에 잘못이 없는지 돌이켜 살핌

① 反省   ② 省略
간략할 략

3 다음 **살필 성** 한자를 순서대로 써 보세요.

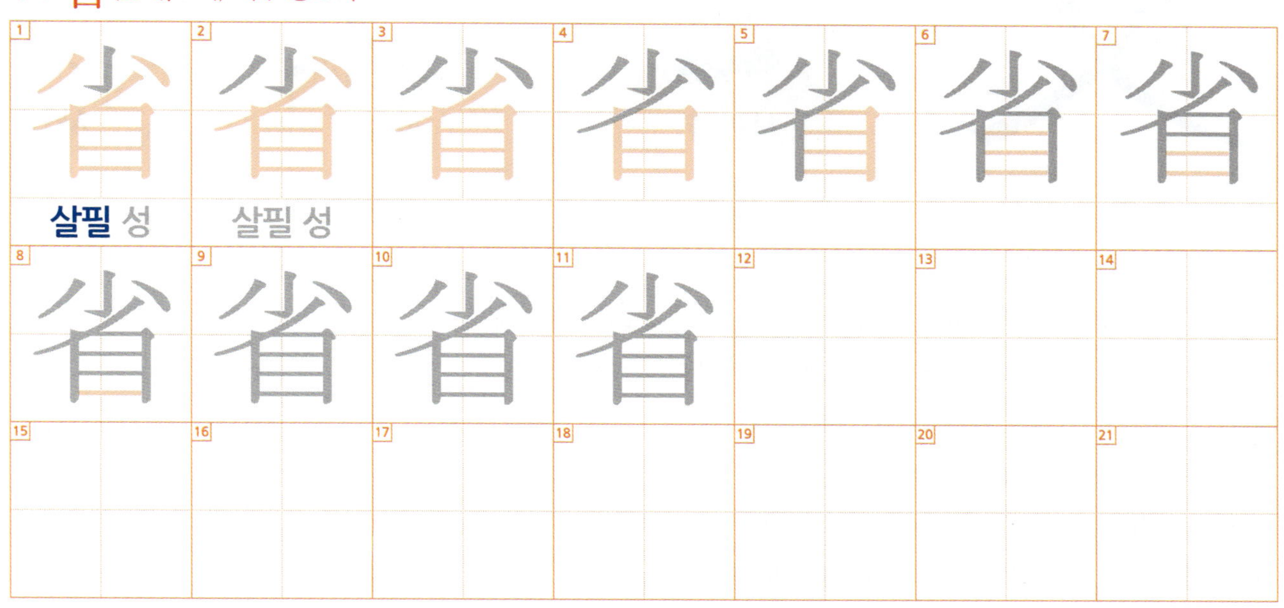

부수 目 (눈목, 5획) 획수 총 9획

省	省	省	省	省	省	省
省	省	省	省			

살필 성   살필 성

---

4 다음 문장 중 빈칸에 들어갈 알맞은 단어를 골라 보세요. ·································· [   ]

> 추석 때에는 조상님의 산소를 돌보기 위해 (   )을/를 하러 간다.

① 내성적(內省的)   ② 생략(省略)   ③ 성묘(省墓)
과녁 적   간략할 략   무덤 묘

---

5 다음 낱말 중 省 **살필 성** 한자가 쓰인 단어는 무엇인지 2개 골라 ○표를 해 보세요.

내성적	성격	귀성	완성
속마음이나 감정을 겉으로 잘 드러내지 않음	개인이 가진 특유한 성질	부모님을 뵙기 위해 다른 지역에서 고향으로 돌아감	어떤 일을 온전히 다 해내거나 이룸
( )	( )	( )	( )

 끝난 시간 [ ]시 [ ]분 **1회 분 푸는 데 걸린 시간** [ ]분   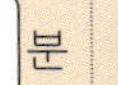 **5문제 중** [ ]개   3번은 정확히 다 써야 정답입니다.   **스스로 붙임딱지** 

交

뜻(훈)	사귈
소리(음)	교

영어 exchange 교환하다

[**사귈 교**는 **엇갈리고 앉은 다리의 모양**을 보고 만들었습니다.]

교라고 읽으며 사귀다, 바꾸다, 주고받다, 서로 등의 뜻이 있습니다.

예문 나는 보영이랑 선물을 교환했어.
= 나는 보영이랑 선물을 주고받았어.

📖 교과어휘

① **교환**(交 換) 바꾸어 주고받음 국어 4-1(가)
사귈 교 바꿀 환

② **물물교환**(物 物 交 換) 물건끼리 바꾸어 주고받음
물건 물 물건 물 사귈 교 바꿀 환

③ **교대**(交 代) 여러 사람이 일을 번갈아 함
사귈 교 대신할 대

④ **외교관**(外 交 官) 외국에서 자기 나라와 다른 나라의 관계를 맺는 직업
바깥 외 사귈 교 벼슬 관

⑤ **대중교통**(大 衆 交 通) 버스와 지하철 등 많은 사람들이 함께 이용할 수 있는 교통수단 국어 4-1(가)
큰 대 무리 중 사귈 교 통할 통

⑥ **교통수단**(交 通 手 段) 사람이 탈것을 모두 이르는 말 사회 3-1
사귈 교 통할 통 손 수 층계 단

⑦ **교향악**(交 響 樂) 관악기, 현악기, 타악기가 함께 연주할 수 있도록 만든 음악 국어 6-1(가)
사귈 교 울릴 향 노래 악

---

1 다음 한자의 뜻(훈)과 소리(음)를 써 보세요.

交   뜻(훈): ______________   소리(음): ______________

2 다음 뜻에 알맞은 단어를 골라 빈칸에 한글로 써 보세요.

[1] 여러 사람이 일을 번갈아 함

① 交換   ② 交代
바꿀 환

[2] 관악기, 현악기 등이 함께 연주하는 음악

① 交響樂   ② 外交官
울릴 향   벼슬 관

3 다음 **사귈 교** 한자를 순서대로 써 보세요.

부수 ㅗ(돼지해머리, 2획) 획수 총 6획

1 交 사귈 교	2 交 사귈 교	3 交	4 交	5 交	6 交	7 交
8 交	9	10	11	12	13	14
15	16	17	18	19	20	21

4 다음 문장 중 빈칸에 들어갈 알맞은 단어를 골라 보세요. ⋯⋯⋯⋯⋯⋯⋯⋯⋯⋯⋯⋯ [   ]

> 버스와 지하철, 자동차와 자전거처럼 사람이 탈 수 있는 것을 (   )이라고 합니다.

① 물물교환(物物交換)　　　② 교환(交換)　　　③ 교통수단(交通手段)
　　　　　　바꿀 환　　　　　　　　　바꿀 환　　　　　　　통할 통　층계 단

5 다음 낱말 중 交 **사귈 교** 한자가 쓰인 단어는 무엇인지 2개 골라 ○표를 해 보세요.

대중교통	교사	교실	물물교환
많은 사람들이 함께 이용하는 교통수단	학교에서 학생들을 가르치는 사람	학교에서 수업을 듣는 곳	물건끼리 바꾸어 주고받음
( )	( )	( )	( )

끝난 시간 [   ]시 [   ]분 1회 분 푸는 데 걸린 시간 [   ]분  5문제 중 [   ]개　3번은 정확히
다 써야 정답입니다.　스스로
붙임딱지 

공부한 날 ☐월 ☐일
시작 시간 ☐시 ☐분

感

뜻(훈)	느낄
소리(음)	감
영어	feel 느끼다

[**느낄 감**은 다 함(咸)과 마음 심(心)이 합쳐진 글자로, 마음을 느끼는 모습을 나타낸 한자입니다.]

감이라고 읽으며 느끼다, 생각하다 등의 뜻이 있습니다.

예문 현진이는 책임감이 강한 친구야.
= 현진이는 맡은 일을 중요시하는 마음이 강한 친구야.

📖 교과어휘

① **감동**(感 動) 깊이 느껴서 마음이 움직임 국어활동 2-2
느낄 감 움직일 동

② **감사**(感 謝) 고마움을 느낌 국어 1-1(가)
느낄 감 사례할 사

③ **감정**(感 情) 느껴지는 마음의 기분 국어활동 2-1
느낄 감 뜻 정

④ **감기**(感 氣) 열이 나고 목이 아프거나 콧물이 나는 병 겨울 1-2
느낄 감 기운 기

⑤ **감각**(感 覺) 신체를 통하여 자극을 느낌 국어 3-1(가)
느낄 감 깨달을 각

⑥ **감상문**(感 想 文) 어떤 것을 보거나 경험한 후 느낀 점을 적은 글 국어 2-1(나)
느낄 감 생각 상 글월 문

⑦ **책임감**(責 任 感) 맡은 일을 중요시하는 마음 사회 4-1
꾸짖을 책 맡길 임 느낄 감

---

1 다음 한자의 뜻(훈)과 소리(음)를 써 보세요.

感　　　뜻(훈): ＿＿＿＿＿＿＿＿＿＿　　소리(음): ＿＿＿＿＿＿＿＿＿＿

2 다음 뜻에 알맞은 단어를 골라 빈칸에 한글로 써 보세요.

[1] 느껴지는 마음의 기분

①感情　　②感氣
뜻 정

[2] 깊이 느껴서 마음이 움직임

①感動　　②感覺
깨달을 각

3 다음 **느낄** **감** 한자를 순서대로 써 보세요.

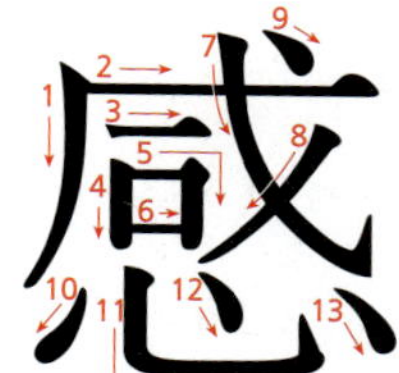

感 感 感 感 感 感 感 感
感 感 感 感 感

부수 心 (마음심, 4획) 획수 총 13획

1 感	2 感	3 感	4 感	5 感	6 感	7 感
느낄 감	느낄 감					
8 感	9 感	10 感	11 感	12 感	13 感	14 感
15 感	16	17	18	19	20	21

4 다음 문장 중 빈칸에 들어갈 알맞은 단어를 골라 보세요. ······················· [   ]

> 스승의 날에 선생님께 (   )하는 마음을 담아 편지를 썼다.

① 감각(感覺)
깨달을 각

② 감상문(感想文)
생각 상

③ 감기(感氣)

④ 감사(感謝)
사례할 사

5 다음 낱말 중 感 **느낄** **감** 한자가 쓰인 단어는 무엇인지 2개 골라 ○표를 해 보세요.

책임감	감소	감각	영화감독
맡은 일을 중요시하는 마음	무언가가 줄거나 적어짐	신체를 통하여 자극을 느낌	영화를 만들 때 연기, 촬영 등을 총 지휘하는 사람
( )	( )	( )	( )

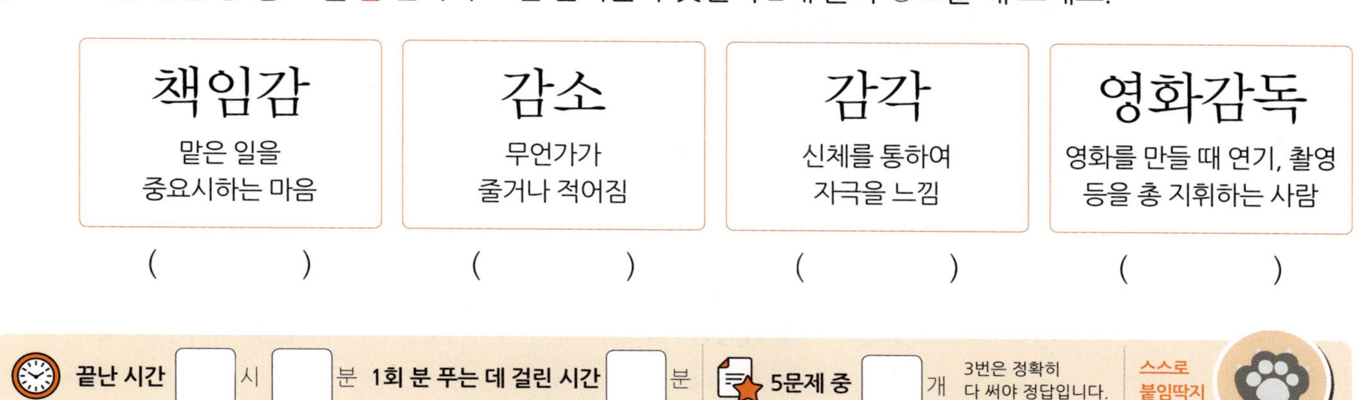

● 밑줄 친 글자의 한자를 찾아 번호를 써 보세요.

유비와 제갈량

중국 **한나라**가 망해갈 무렵, 유비는 나라의 혼란을 잠재우고 싶었습니다.

⑤

유비는 뜻을 함께 할 사람들을 찾던 중, 제갈량에 **대한** 이야기를 들었습니다.

제갈량과 함께하는 **사람**은 천하를 얻을 수 있다는 것이었습니다.

유비는 즉시 제갈량의 집에 찾아갔지만 아무리 **살펴**보아도 제갈량은 없었습니다.

하는 수 없이 돌아온 유비는 며칠 후에 다시 찾아갔습니다.

그러나 이번에도 제갈량은 **집**에 없었습니다.

유비는 포기하지 않고 얼마 후에 다시 또 제갈량의 집에 찾아갔고,

결국 유비의 정성을 **느낀** 제갈량은 유비와 뜻을 함께 하기로 했습니다.

훗날 유비와 제갈량은 서로를 매우 의지하고 **믿게** 되었고,

마치 물과 물고기의 **사귐**처럼 뗄레야 뗄 수 없는 사이가 되었습니다.

보기

한나라 한

① 對 ② 家 ③ 交 ④ 感 ⑤ 漢 ⑥ 信 ⑦ 省 ⑧ 人

2주차

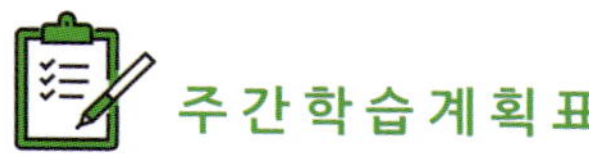 주간학습계획표

회차	학습내용		학습계획일
06회	黃	누를 황	☐ 월 ☐ 일
07회	淸	맑을 청	☐ 월 ☐ 일
08회	綠	푸를 록(녹)	☐ 월 ☐ 일
09회	果	실과(열매) 과	☐ 월 ☐ 일
10회	樹	나무 수	☐ 월 ☐ 일

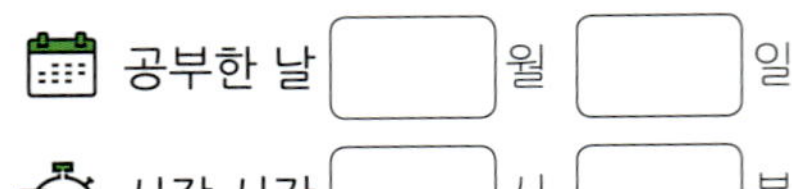

黃

뜻(훈)　누를
소리(음)　황

영어　golden yellow 황금색

[**누를 황**은 **햇빛을 받아 땅의 흙이 누렇게 보이는 모습**을 나타낸 한자입니다.]

황이라고 읽으며 누렇다, 누래지다 등의 뜻이 있습니다.

예문 새로 산 일기장은 주황색이다.
　　= 새로 산 일기장은 빨간색과 노란색 사이의 색깔이다.

📖 교과어휘

① **황**금색(黃 金 色) 황금처럼 노란 색깔
　　누를 황 쇠 금 빛 색
② **황금**(黃 金) 노란 빛깔의 금속　국어 5-1(나)
　　누를 황 쇠 금
③ 주**황**색(朱 黃 色) 빨간색과 노란색 사이의 색깔　국어 1-2(나)
　　붉을 주 누를 황 빛 색
④ **황**해도(黃 海 道) 한반도의 서쪽 가운데에 있는 도
　　누를 황 바다 해 길 도
⑤ **황**토(黃 土) 누르스름하고 검은 빛을 띤 붉은 흙　겨울 1-2
　　누를 황 흙 토
⑥ **황**희(黃 喜) 조선시대의 유명한 정승　사회 4-1
　　누를 황 기쁠 희
⑦ **황**갈색(黃 褐 色) 갈색을 띤 노란색　국어 6-1(가)
　　누를 황 갈색 갈 빛 색

---

1 다음 한자의 뜻(훈)과 소리(음)를 써 보세요.

黃　　뜻(훈): ＿＿＿＿＿＿＿＿　　소리(음): ＿＿＿＿＿＿＿＿

2 다음 뜻에 알맞은 단어를 골라 빈칸에 한글로 써 보세요.

[1] 황금처럼 노란 색깔

　① 黃海道　　② 黃金色

[2] 누르스름하고 검은 빛을 띤 붉은 흙

　① 黃喜　　　② 黃土
　　기쁠 희

3 다음 **누를 황** 한자를 순서대로 써 보세요.

부수 黃(누를황, 12획) 획수 총 12획

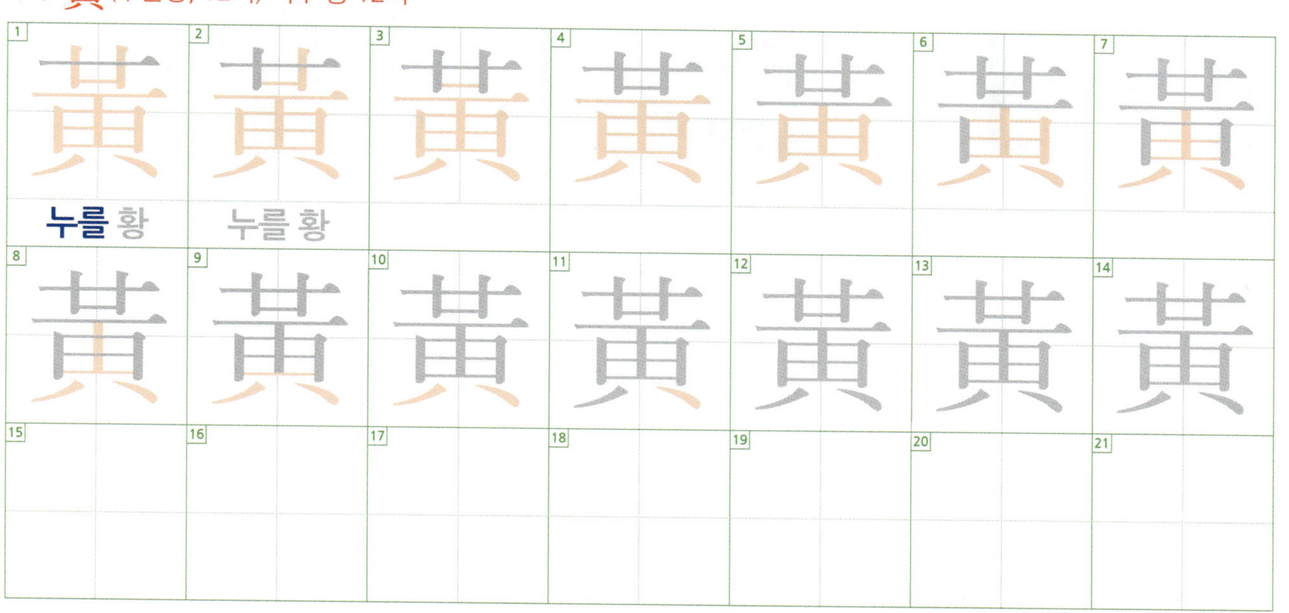

1	2	3	4	5	6	7
누를황	누를 황					

8	9	10	11	12	13	14

15	16	17	18	19	20	21

4 다음 문장 중 밑줄 친 부분을 한자어로 써 보세요.

이 보물 지도를 따라가면 숨겨져 있는 **노란 빛깔의 금속**을 찾을 수 있을 거야.

노란 빛깔의 금속 =

5 다음 낱말 중 黃 **누를 황** 한자가 쓰인 단어는 무엇인지 2개 골라 ○표를 해 보세요.

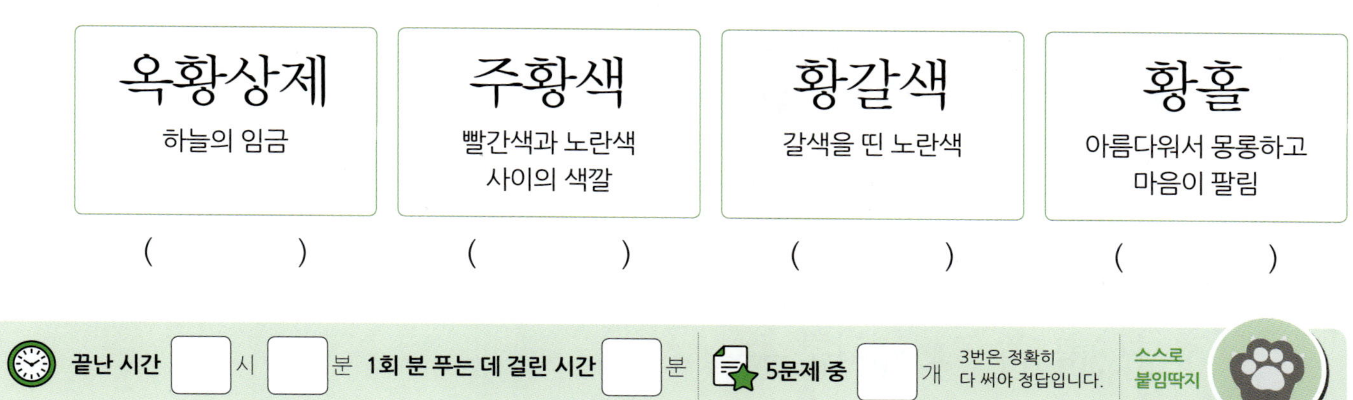

옥황상제	주황색	황갈색	황홀
하늘의 임금	빨간색과 노란색 사이의 색깔	갈색을 띤 노란색	아름다워서 몽롱하고 마음이 팔림
( )	( )	( )	( )

끝난 시간 ☐ 시 ☐ 분 **1회 분 푸는 데 걸린 시간** ☐ 분 **5문제 중** ☐ 개 3번은 정확히 다 써야 정답입니다. **스스로 붙임딱지**

淸

淸

뜻(훈)	맑을
소리(음)	청

영어 clear 맑다

[**맑을 청**은 물 수(水)와 푸를 청(靑)이 합쳐진 글자로, 맑고 깨끗함을 나타낸 한자입니다.]

청이라고 읽으며 맑다, 온화하다 등의 뜻이 있습니다.

예문 방을 청소하면 기분도 좋아져.
= 방을 깨끗이 정리하면 기분도 좋아져.

교과어휘

① **청소**(淸 掃) 더러운 것을 쓸거나 없애어 깨끗이 함 국어 2-2(가)
맑을 청 쓸 소

② **청소부**(淸 掃 夫) 건물이나 거리 등을 청소하는 직업 국어 3-1(가)
맑을 청 쓸 소 지아비 부

③ **청순**(淸 純) 맑고 순수함
맑을 청 생사 순

④ **청결**(淸 潔) 맑고 깨끗함 국어 5-1(가)
맑을 청 깨끗할 결

⑤ **청국장**(淸 麴 醬) 콩을 이용해 만든 된장의 한 종류 국어 6-1(가)
맑을 청 누룩 국 장장

⑥ **충청도**(忠 淸 道) 충청남도와 충청북도를 같이 이르는 말 국어 6-1(나)
충성 충 맑을 청 길 도

⑦ **청렴**(淸 廉) 마음이나 행동이 맑으며 재물을 욕심내지 않음
맑을 청 청렴할 렴

---

1 다음 한자의 뜻(훈)과 소리(음)를 써 보세요.

淸 뜻(훈): _______________ 소리(음): _______________

2 다음 뜻에 알맞은 단어를 골라 빈칸에 한글로 써 보세요.

[1] 마음이나 행동이 맑으며 재물을 욕심내지 않음

① 淸潔 ② 淸廉
깨끗할 결 청렴할 렴

[2] 충청남도와 충청북도를 같이 이르는 말

① 忠淸道 ② 淸掃夫
충성 충 쓸 소

3 다음 **맑을 청** 한자를 순서대로 써 보세요.

부수 氵(삼수변, 3획) 획수 총 11획

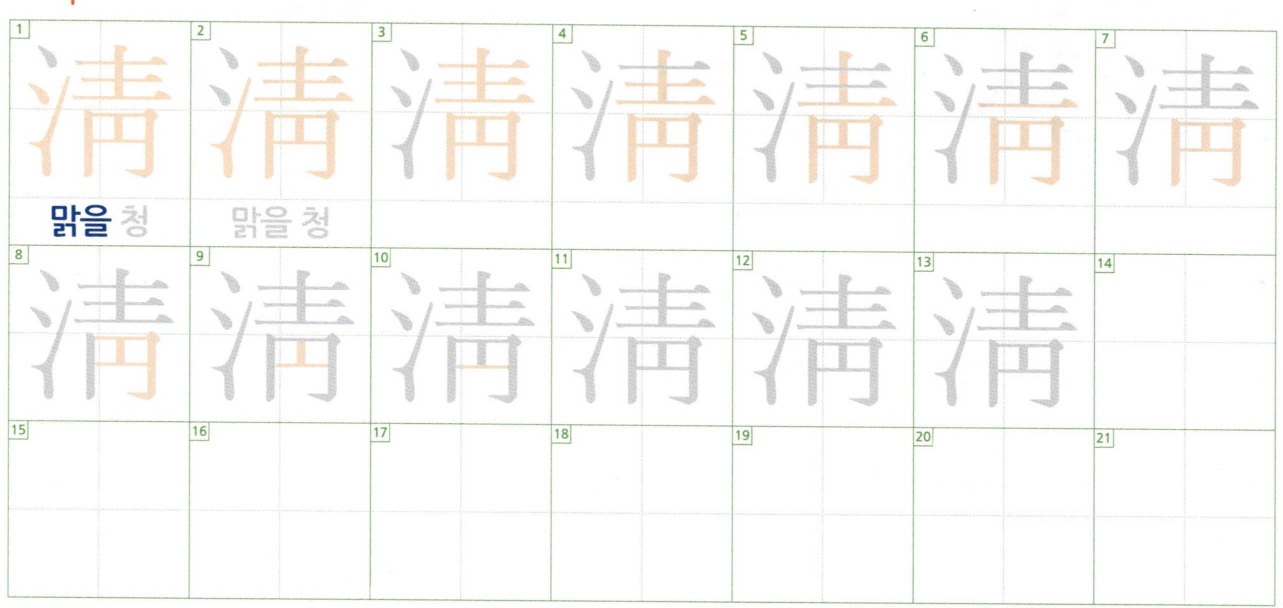

맑을 청   맑을 청

4 다음 문장 중 빈칸에 들어갈 알맞은 단어를 골라 보세요. ·· [   ]

> 나는 (   )할 때 빗자루로 먼지를 쓸고, 걸레로 바닥을 닦아.

① 청소(淸掃)   ② 청국장(淸麴醬)   ③ 청렴(淸廉)   ④ 청소부(淸掃夫)
　　　쓸 소　　　　　　누룩 국　장 장　　　　청렴할 렴　　　　　쓸 소

5 다음 낱말 중 淸 **맑을 청** 한자가 쓰인 단어는 무엇인지 2개 골라 ○표를 해 보세요.

청순	시청	보청기	청결
맑고 순수함	시의 업무를 담당하는 기관	귀에 끼워서 소리가 잘 들리게 해주는 기계	맑고 깨끗함
( )	( )	( )	( )

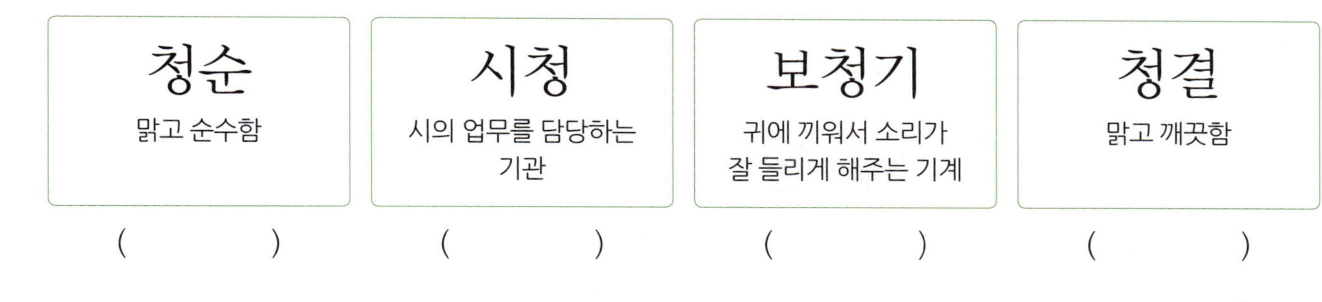

끝난 시간 ☐ 시 ☐ 분 **1회 분 푸는 데 걸린 시간** ☐ 분　★ **5문제 중** ☐ 개　3번은 정확히 다 써야 정답입니다.　스스로 붙임딱지

공부한 날 [ ] 월 [ ] 일
시작 시간 [ ] 시 [ ] 분

綠

뜻(훈) **푸를**
소리(음) **록(녹)**
[영어] **green 초록색**

[**푸를 록(녹)**은 **풀을 짜서 실을 염색하는 모습**을 나타낸 한자입니다.]

록(녹)이라고 읽으며 푸르다, 초록 등의 뜻이 있습니다.

[예문] 새로 산 초록색 운동화를 신고 학교에 갔다.
= 새로 산 풀 색깔 운동화를 신고 학교에 갔다.

📖 교과어휘

① **녹색**(綠 色) 파란색과 노란색의 사이 색깔 [가을 1-2]
　　푸를 녹 빛 색
② **초록색**(草 綠 色) 녹색보다 조금 더 푸른 풀 색깔 [국어 1-1(나)]
　　풀 초 푸를 록 빛 색
③ **연초록**(軟 草 綠) 연한 초록색
　　연할 연 풀 초 푸를 록
④ **녹차**(綠 茶) 푸른 잎을 볶아 말린 차 [국어 3-2(나)]
　　푸를 녹 차 차
⑤ **청록색**(靑 綠 色) 파란색을 띠는 녹색 [국어 4-1(가)]
　　푸를 청 푸를 록 빛 색
⑥ **녹두**(綠 豆) 콩과에 속한 식물 중 하나로, 녹색의 작은 씨를 맺음 [국어활동 4-2]
　　푸를 녹 콩 두
⑦ **녹지**(綠 地) 풀과 나무가 많은 땅 [국어 6-1(나)]
　　푸를 녹 땅 지

---

1 다음 한자의 뜻(훈)과 소리(음)를 써 보세요.

綠　　뜻(훈): ＿＿＿＿＿＿＿＿　　소리(음): ＿＿＿＿＿＿＿＿

2 다음 뜻에 알맞은 단어를 골라 빈칸에 한글로 써 보세요.

[1] 풀과 나무가 많은 땅

① 綠地　　② 綠色

[2] 파란색을 띠는 녹색

① 靑綠色　　② 軟草綠
　　　　　　　연할 연

3 다음 **푸를 록** 한자를 순서대로 써 보세요.

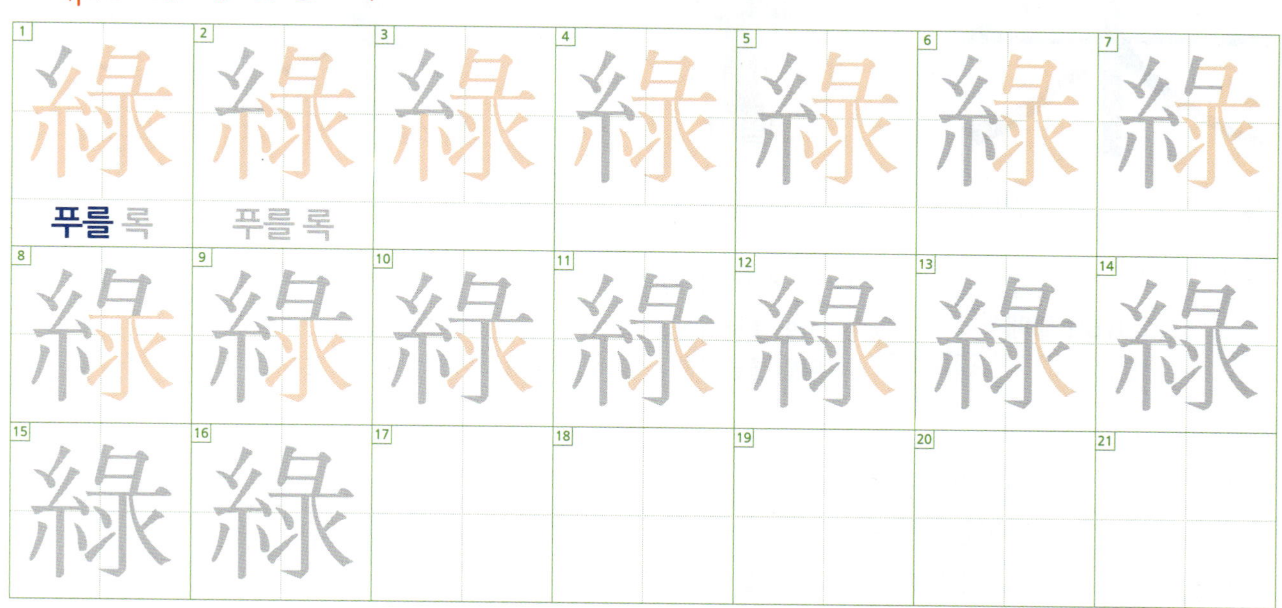

부수 糸(실사변, 6획) 획수 총 14획

푸를 록	푸를 록

4 다음 문장 중 밑줄 친 한자의 음(音)을 써 보세요.

나는 태양을 빨간색으로 칠하고 산은 草**綠**色으로 색칠할 거야!

( )

5 다음 낱말 중 綠 **푸를 록** 한자가 쓰인 단어는 무엇인지 2개 골라 ○표를 해 보세요.

기록	등록	녹차	연초록
어떤 목적으로 내용을 적어놓음	허락받거나 인정받기 위해 문서를 올림	푸른 잎을 볶아 말린 차	연한 초록색
( )	( )	( )	( )

끝난 시간 ☐ 시 ☐ 분 **1회 분 푸는 데 걸린 시간** ☐ 분 **5문제 중** ☐ 개 3번은 정확히 다 써야 정답입니다. 스스로 붙임딱지

果

뜻(훈)　실과(열매)

소리(음)　과

영어　fruit 열매

[**실과(열매) 과**는 **나무에 열매가 열린 모습**을 보고 만들었습니다.]

과라고 읽으며 실과(열매), 이루다, 해내다 등의 뜻이 있습니다.

예문 매일 줄넘기를 한 **결과**, 키가 4cm나 자랐어.
　　= 매일 줄넘기를 **했더니**, 키가 4cm나 자랐어.

교과어휘

① **사과**(沙 果) 사과나무에서 열리는 열매　국어 1-1(가)
　　모래 사 실과 과

② **결과**(結 果) 어떤 원인으로 인한 일의 상황이나 상태　국어 2-2(나)
　　맺을 결 실과 과

③ **과수원**(果 樹 園) 열매가 열리는 나무를 재배하는 곳　국어 2-2(가)
　　실과 과 나무 수 동산 원

④ **효과**(效 果) 어떤 행위의 좋은 결과　국어 3-2(나)
　　본받을 효 실과 과

⑤ **과연**(果 然) 결과적으로 정말로　국어활동 2-1
　　실과 과 그럴 연

⑥ **약과**(藥 果) 단 맛이 나는 우리나라 전통 과자　국어 3-1(가)
　　약 약 실과 과

⑦ **과즙**(果 汁) 과일을 짜내 얻은 즙
　　실과 과 즙 즙

1 다음 한자의 뜻(훈)과 소리(음)를 써 보세요.

果　　뜻(훈): ________________　　소리(음): ________________

2 다음 뜻에 알맞은 단어를 골라 빈칸에 한글로 써 보세요.

[1] 결과적으로 정말로

①效果　　②果然
　본받을 효

[2] 과일을 짜내 얻은 즙

①果汁　　②結果
　즙 즙　　맺을 결

3 다음 **실과** **과** 한자를 순서대로 써 보세요.

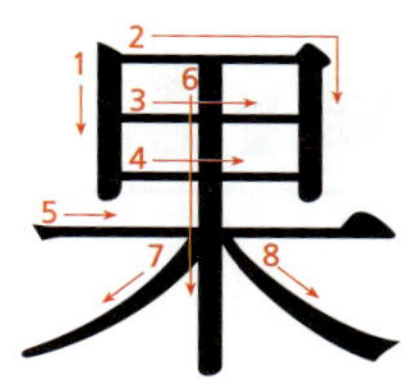

부수 **木**(나무목, 4획) 획수 총 8획

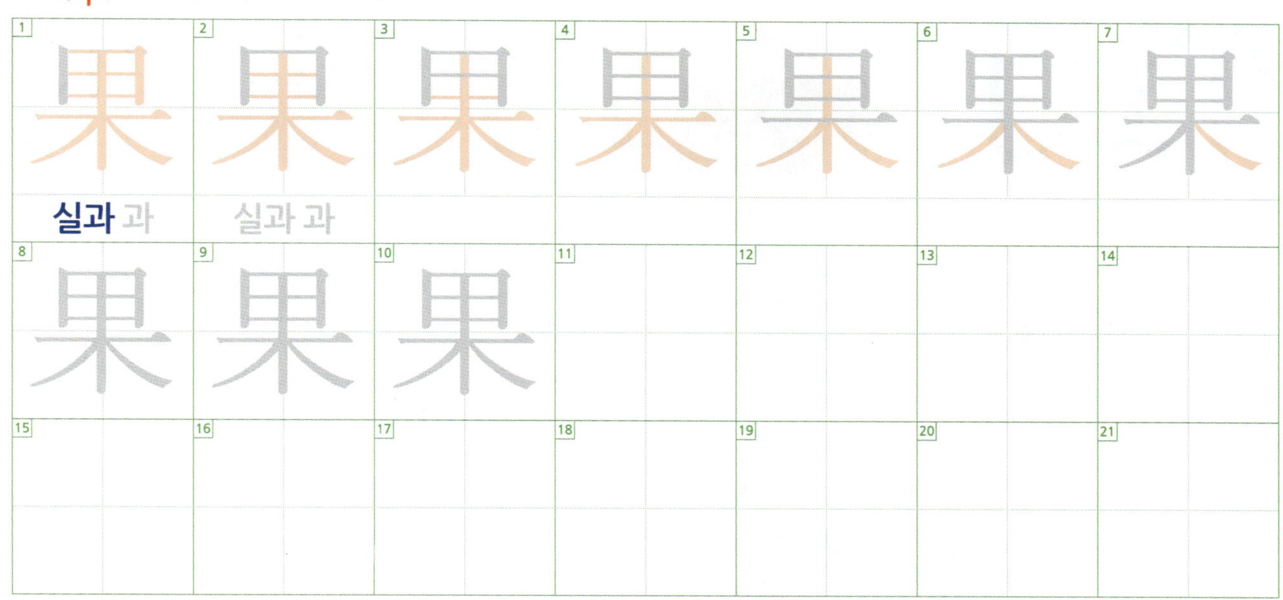

4 다음 문장 중 빈칸에 들어갈 알맞은 단어를 골라 보세요. ································· [　　　　]

> 　　눈처럼 하얀 백설 공주와 그녀를 시기하는 왕비가 있었습니다. 백설 공주는 자신을 해치려 하는 왕비를 피해 달아나다가 일곱 난쟁이를 만났습니다. 백설 공주가 살아있는 걸 안 왕비는 할머니로 변장하여 백설 공주에게 독이 든 (　　　　)을/를 먹였습니다. 그 순간 백설 공주는 깊은 잠에 빠졌지만 지나가던 왕자님의 입맞춤을 받고 깨어나서 행복하게 살았습니다.

① 과연(**果然**)　　　② 효과(**效果**)　　　③ 사과(**沙果**)　　　④ 약과(**藥果**)
　　　　　　　　　　　　　　본받을 효　　　　　　　　모래 사　　　　　　　　약 약

5 다음 낱말 중 **果** **실과** **과** 한자가 쓰인 단어는 무엇인지 2개 골라 ○표를 해 보세요.

과정	결과	과수원	과거
일이 진행되어 가는 경로	어떤 원인으로 인한 일의 상황이나 상태	열매가 열리는 나무를 재배하는 곳	지나간 일이나 시간
(　　　)	(　　　)	(　　　)	(　　　)

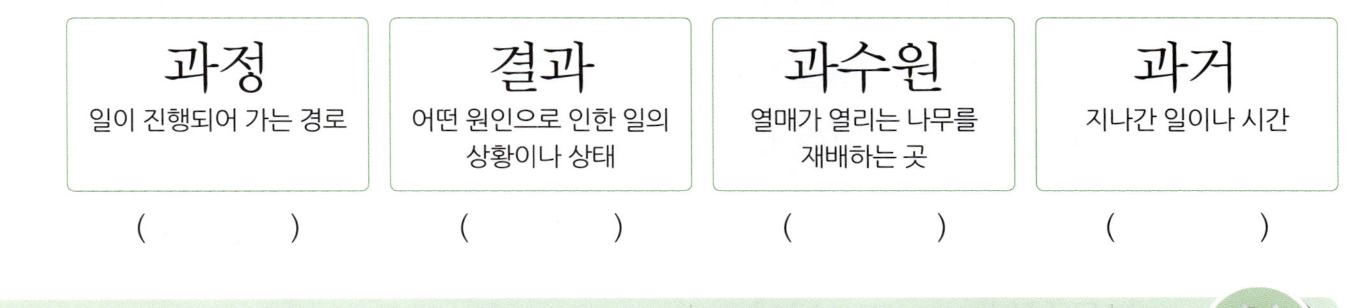

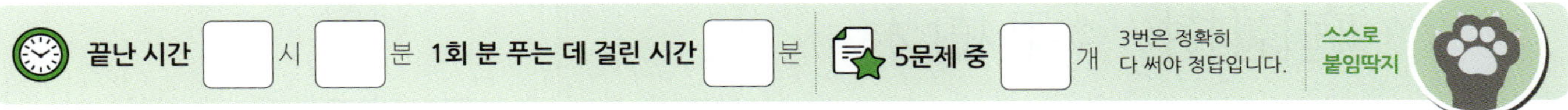

樹

뜻(훈) **나무**
소리(음) **수**

영어 **tree 나무**

[**나무 수**는 **손으로 나무를 심는 모습**을 나타낸 한자입니다.]

수라고 읽으며 나무, 심다, 식물 등의 뜻이 있습니다.

예문 우리는 **수목원**으로 체험학습을 다녀왔어.
　= 우리는 **다양한 식물을 기르는 곳**으로 체험학습을 다녀왔어.

📖 교과어휘

① **가로수**(街 路 樹) 도로에 줄지어 심은 나무　국어 5-1(나)
　거리 가 길 로 나무 수
② **수목원**(樹 木 園) 관찰과 연구를 위해 여러 식물을 모아 기르는 곳　국어활동 1-2
　나무 수 나무 목 동산 원
③ **야자수**(椰 子 樹) 열대지방에서 자라는 야자나무과의 한 종류
　야자나무 야 아들 자 나무 수
④ **계수나무**(桂 樹 나무) 달에 자란다는 전설이 있는 계수나무과의 나무
　계수나무 계 나무 수
⑤ **과수목**(果 樹 木) 열매가 나는 나무
　실과 과 나무 수 나무 목
⑥ **상록수**(常 綠 樹) 일 년 내내 이파리가 푸른 나무
　항상 상 푸를 록 나무 수
⑦ **정원수**(庭 園 樹) 정원에 심고 가꾸는 나무
　뜰 정 동산 원 나무 수

1 다음 한자의 뜻(훈)과 소리(음)를 써 보세요.

樹　뜻(훈): ＿＿＿＿＿＿＿＿＿＿　소리(음): ＿＿＿＿＿＿＿＿＿＿

2 다음 뜻에 알맞은 단어를 골라 빈칸에 한글로 써 보세요.

[1] 관찰과 연구를 위해 여러 식물을 기르는 곳

① 樹木園　② 街路樹
　　　　　　거리 가　길 로

[2] 정원에 심고 가꾸는 나무

① 庭園樹　② 果樹木

3 다음 **나무 수** 한자를 순서대로 써 보세요.

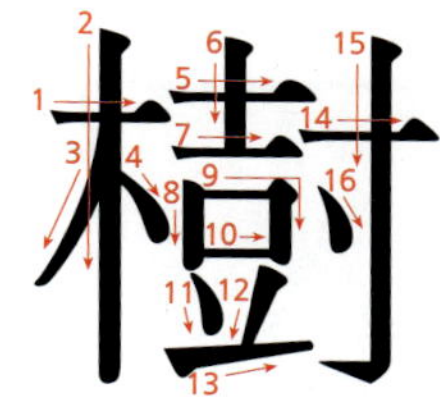

부수 木(나무목, 4획) 획수 총 16획

1 樹 나무 수	2 樹 나무 수	3 樹	4 樹	5 樹	6 樹	7 樹
8 樹	9 樹	10 樹	11 樹	12 樹	13 樹	14 樹
15 樹	16 樹	17 樹	18 樹	19	20	21

4 다음 문장 중 밑줄 친 글자에 알맞은 한자를 보기에서 찾아 써 보세요.

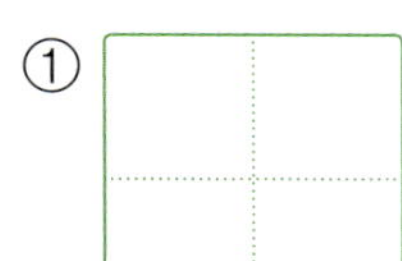

보기: 根　限　樹　枷

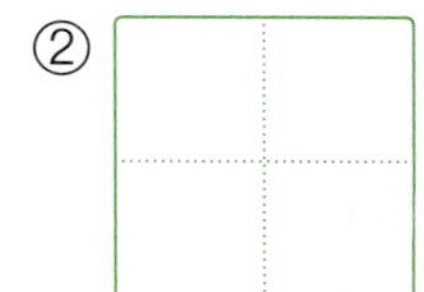

뿌리 깊은 **나무**는 쉽게 죽지 않는다.

① ☐　② ☐

5 다음 낱말 중 樹 **나무 수** 한자가 쓰인 단어는 무엇인지 2개 골라 ○표를 해 보세요.

야자수	수염	생수	계수나무
열대지방에서 자라는 야자나무과의 한 종류	얼굴에 나는 뻣뻣한 털	샘에서 나는 먹는 물	달에 자란다는 전설이 있는 계수나무과의 나무
(　　)	(　　)	(　　)	(　　)

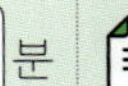

끝난 시간 ☐ 시 ☐ 분　**1회 분 푸는 데 걸린 시간** ☐ 분　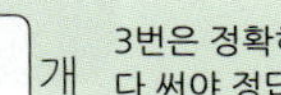 **5문제 중** ☐ 개　3번은 정확히 다 써야 정답입니다.

스스로 붙임딱지

● 다음 한자의 뜻에 알맞은 그림을 골라 보세요.

1 黃

①  ② 

2 淸

①  ② 

3 綠

①  ② 

4 果

①  ② 

5 樹

①  ② 

3주차

 주간학습계획표

회차	학습내용		학습계획일
11회	開 열 개		월 일
12회	放 놓을 방		월 일
13회	通 통할 통		월 일
14회	路 길 로(노)		월 일
15회	郡 고을 군		월 일

開

뜻(훈)　열
소리(음)　개
영어　open 열다

열 개

[**열 개**는 **양손으로 문을 여는 모습**을 나타낸 한자입니다.]

개라고 읽으며 열다, 열리다 곧 등의 뜻이 있습니다.

예문 평창 올림픽의 개막식은 정말 멋졌어!
= 평창 올림픽의 시작을 알리는 의식은 정말 멋졌어!

📖 교과어휘

① **개학**(開 學) 방학이 끝나서 다시 학교에 감　국어 4-2(가)
　　　　열 개 배울 학

② **개교기념일**(開 校 紀 念 日) 학교가 세워진 것을 기념하는 날　국어 3-2(가)
　　　　　열 개 학교 교 벼리 기 생각 념 날 일

③ **공개**(公 開) 무언가를 다른 사람들에게 널리 열어 보임　사회 4-1
　　　　공평할 공 열 개

④ **개발**(開 發) 자원이나 산업, 경제 등을 흥하도록 만듦　국어 4-1(가)
　　　　열 개 필 발

⑤ **개막식**(開 幕 式) 여러 날 동안 열리는 대회나 행사의 시작을 알리는 의식　국어 3-2(나)
　　　　열 개 장막 막 법식 식

⑥ **개천절**(開 天 節) 10월 3일. 단군이 고조선을 세운 것을 기념하는 날
　　　　열 개 하늘 천 마디 절

⑦ **개최**(開 催) 모임이나 행사를 주도적으로 엶　사회 3-1
　　　　열 개 재촉할 최

1 다음 한자의 뜻(훈)과 소리(음)를 써 보세요.

開　뜻(훈): ＿＿＿＿＿＿＿＿　소리(음): ＿＿＿＿＿＿＿＿

2 다음 뜻에 알맞은 단어를 골라 빈칸에 한글로 써 보세요.

[1] 방학이 끝나서 다시 학교에 감

① 公開　② 開學

[2] 단군이 고조선을 세운 것을 기념하는 날

① 開天節　② 開幕式
　마디 절　장막 막 법식 식

3 다음 **열 개** 한자를 순서대로 써 보세요.

부수 **門**(문문, 8획) 획수 총 12획

1	2	3	4	5	6	7
開 **열** 개	開 열 개	開	開	開	開	開

8	9	10	11	12	13	14
開	開	開	開	開	開	開

15	16	17	18	19	20	21

4 다음 문장 중 빈칸에 들어갈 알맞은 단어를 골라 보세요. ┈┈┈┈┈┈┈┈ [　　　]

> 월드컵과 올림픽은 4년에 한 번씩 (　　　)되는 세계적인 스포츠 행사야.

① 개발(**開發**)
벌 발

② 개최(**開催**)
재촉할 최

③ 개막식(**開幕式**)
장막 막　법 식

④ 개교기념일(**開校紀念日**)
벼리 기　생각 념

5 다음 낱말 중 **開 열 개** 한자가 쓰인 단어는 무엇인지 2개 골라 ○표를 해 보세요.

개인	개발	공개	대개
각각의 사람	자원이나 산업, 경제 등을 흥하도록 만듦	무언가를 다른 사람들에게 널리 열어 보임	일반적으로 거의 전부. 대체로
(　　)	(　　)	(　　)	(　　)

끝난 시간 [　]시 [　]분　1회 분 푸는 데 걸린 시간 [　]분　5문제 중 [　]개　3번은 정확히 다 써야 정답입니다.　스스로 붙임딱지 

放

뜻(훈) 　놓을
소리(음) 　방
영어 release 놓아주다

[**놓을 방**은 **회초리를 이용해 어떤 방향으로 보내는 모습**을 나타낸 한자입니다.]

방이라고 읽으며 놓다, 내치다, 내놓다 등의 뜻이 있습니다.

예문 **방심**한 사이에 내 딱지가 넘어가버렸어!
= 주의하지 않은 사이에 내 딱지가 넘어가버렸어!

📖 교과어휘

① **방**학(放 學) 학교에서 학기를 마치고 얼마 동안 수업을 쉬는 것 [국어활동 2-1]
　　놓을 방 배울 학
② **방**과후(放 課 後) 학교의 수업이 끝난 후 [겨울 2-2]
　　놓을 방 공부할 과 뒤 후
③ **방**송(放 送) 기기를 이용하여 여러 사람들에게 음성이나 영상을 내보냄 [국어 2-1(나)]
　　놓을 방 보낼 송
④ **방**심(放 心) 주의하지 않고 마음을 놓음 [국어활동 4-1]
　　놓을 방 마음 심
⑤ 개**방**(開 放) 어떤 공간을 열어 자유롭게 드나들게 함. 또는 비밀이나 제한된 것을 풀어 드러냄 [사회 4-1]
　　열 개 놓을 방
⑥ 해**방**감(解 放 感) 얽매여있던 것에서 벗어나 개운한 느낌
　　풀 해 놓을 방 느낌 감
⑦ **방**전(放 電) 전기를 띤 물체에서 전기가 밖으로 흘러나가거나 빠져나감
　　놓을 방 번개 전

---

1 다음 한자의 뜻(훈)과 소리(음)를 써 보세요.

放　뜻(훈): ＿＿＿＿＿＿＿＿＿　　소리(음): ＿＿＿＿＿＿＿＿＿

---

2 다음 뜻에 알맞은 단어를 골라 빈칸에 한글로 써 보세요.

[1] 학교에서 학기를 마치고 얼마 동안 수업을 쉬는 것

①放電　　②放學

[2] 어떤 공간을 열어 자유롭게 드나들게 함

①放送　　②開放
　보낼 송

3 다음 **놓을 방** 한자를 순서대로 써 보세요.

放 放 放 放 放 放 放 放

부수 攵(등글월문, 4획) 획수 총 8획

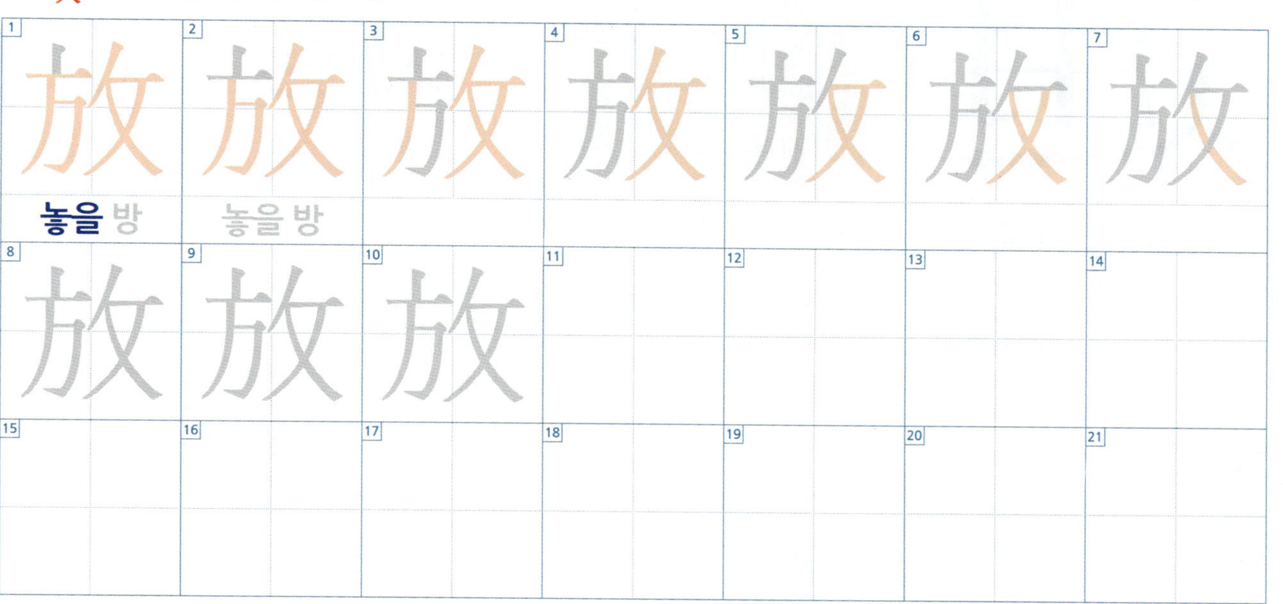

1 放	2 放	3 放	4 放	5 放	6 放	7 放
놓을 방	놓을 방					
8 放	9 放	10 放	11	12	13	14
15	16	17	18	19	20	21

4 다음 문장 중 밑줄 친 부분을 한자어로 써 보세요.

> 토끼와 거북이가 달리기 시합을 했습니다. 시합이 시작되고, 거북이보다 훨씬 빠르게 달려 올라간 토끼는 <u>주의하지 않고 마음을 놓아</u> 한숨 자기로 했습니다. 토끼가 자는 사이 거북이는 쉬지 않고 올라갔고, 결국 거북이가 달리기 시합에서 이겼습니다.

주의하지 않고 마음을 놓음   =   ☐ ☐

5 다음 낱말 중 放 **놓을 방** 한자가 쓰인 단어는 무엇인지 2개 골라 ○표를 해 보세요.

방방곡곡	방과후	주방	해방감
어느 한 군데 빠짐없이 모든 곳	학교의 수업이 끝난 후	음식을 만드는 방	얽매여있던 것에서 벗어나 개운한 느낌
( )	( )	( )	( )

 끝난 시간 ☐ 시 ☐ 분 **1회 분 푸는 데 걸린 시간** ☐ 분 **5문제 중** ☐ 개 3번은 정확히 다 써야 정답입니다. 스스로 붙임딱지

通

뜻(훈)　통할

소리(음)　통

영어 go through 통하다

[**통할 통**은 **쭉 뻗은 길의 모습**을 나타낸 한자입니다.]

통이라고 읽으며 통하다, 통하게 하다 등의 뜻이 있습니다.

예문 나는 **보통** 탕수육을 소스에 찍어먹어.
= 나는 **일반적으로** 탕수육을 소스에 찍어먹어.

📖 교과어휘

① **보통**(普 **通**) 특별함 없이 일반적으로 흔히 　국어 1-2(나)
　넓을 보 통할 통

② **통화**(**通** 話) 전화로 말을 주고받으며 대화함 　가을 1-2
　통할 통 말씀 화

③ **통과**(**通** 過) 통하여 지나감. 또는 제출한 것이 승인됨 　국어 2-2(가)
　통할 통 지날 과

④ **통역**(**通** 譯) 서로 다른 언어를 쓰는 사람들 사이에서 서로의 말을 통하게 해줌
　통할 통 번역할 역

⑤ **통로**(**通** 路) 통하여 다니도록 만든 길 　국어 4-2(가)
　통할 통 길 로

⑥ **의사소통**(意 思 疏 **通**) 다른 이와 생각이나 뜻이 서로 통함 　가을 1-2
　뜻 의 생각 사 소통할 소 통할 통

⑦ **통신수단**(**通** 信 手 段) 소식이나 정보를 전하는 우편, 전화 등의 수단 　사회 3-1
　통할 통 믿을 신 손 수 층계 단

---

1 다음 한자의 뜻(훈)과 소리(음)를 써 보세요.

通　　뜻(훈): ＿＿＿＿＿＿＿＿＿＿　　소리(음): ＿＿＿＿＿＿＿＿＿＿

2 다음 뜻에 알맞은 단어를 골라 빈칸에 한글로 써 보세요.

[1] 전화로 말을 주고받으며 대화함

① 普通　　② 通話
넓을 보

[2] 통하여 지나감. 또는 제출한 것이 승인됨

① 通過　　② 通譯
지날 과　　번역할 역

3 다음 **통할 통** 한자를 순서대로 써 보세요.

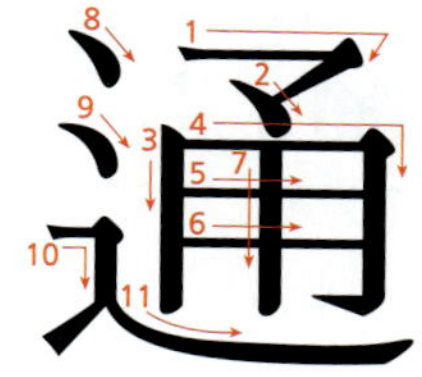

通 通 通 通 通 通 通 通
通 通 通

부수 辶 (책받침, 4획) 획수 총 11획

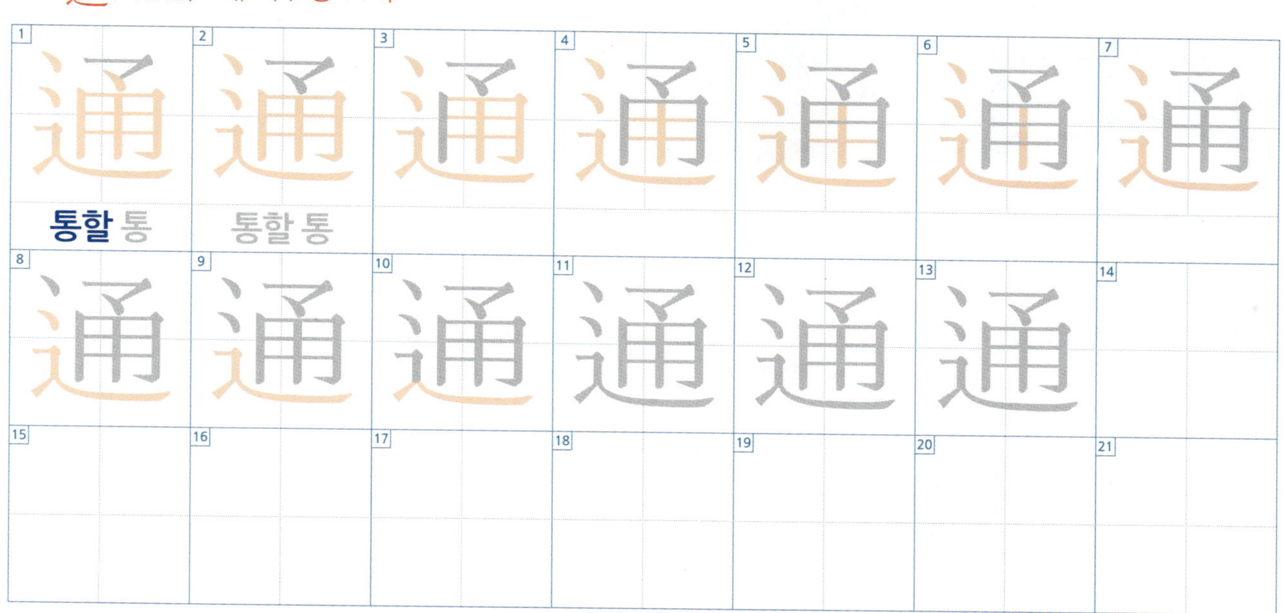

1 通	2 通	3 通	4 通	5 通	6 通	7 通
통할 통	통할 통					
8 通	9 通	10 通	11 通	12 通	13 通	14
15	16	17	18	19	20	21

4 다음 문장 중 밑줄 친 한자의 음(音)을 써 보세요.

사람들이 지나다닐 수 있도록 <u>通路</u>에 물건을 두지 말아 주세요.

(   )

5 다음 낱말 중 通 **통할 통** 한자가 쓰인 단어는 무엇인지 2개 골라 ○표를 해 보세요.

대통령	통일	통역	통신수단
나라의 일을 담당하는 최고 지도자	나눠진 것들을 하나로 함	서로 다른 언어를 쓰는 사람들의 말을 통하게 해줌	소식이나 정보를 전하는 우편, 전화 등의 수단
( )	( )	( )	( )

끝난 시간 [　]시 [　]분 **1회 분 푸는 데 걸린 시간** [　]분 **5문제 중** [　]개 3번은 정확히 다 써야 정답입니다. 스스로 붙임딱지

공부한 날 [ ]월 [ ]일
시작 시간 [ ]시 [ ]분

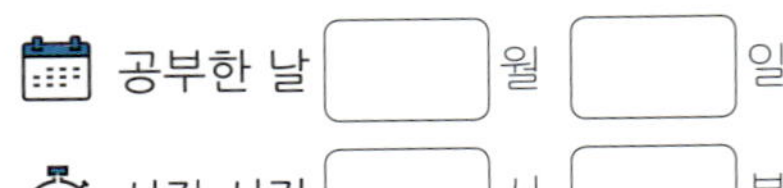

路

뜻(훈) **길**
소리(음) **로(노)**

영어 **street** 길

[**길 로(노)**는 **사람들이 길을 걷는 모습**을 나타낸 한자입니다.]

로(노)라고 읽으며 길, 다니다 등의 뜻이 있습니다.

예문 산책로에 꽃들이 예쁘게 피었어.
= 산책을 하는 길에 꽃들이 예쁘게 피었어.

📖 교과어휘

① **도로**(道 **路**) 사람이나 차가 다니도록 만든 길 〔국어활동 1-1〕
길 도 길 로

② **미로**(迷 **路**) 여러 갈래로 복잡하게 생긴 길 〔겨울 2-2〕
미혹할 미 길 로

③ **대로**(大 **路**) 아주 넓은 길 〔사회 3-1〕
큰 대 길 로

④ **산책로**(散 策 **路**) 산책을 즐길 수 있도록 만든 길 〔사회 3-1〕
흩을 산 꾀 책 길 로

⑤ **등산로**(登 山 **路**) 산을 오를 수 있게 만든 길 〔국어활동 4-1〕
오를 등 메 산 길 로

⑥ **가로등**(街 **路** 燈) 도로를 비추기 위해 줄지어 설치한 등 〔국어활동 3-2〕
거리 가 길 로 등 등

⑦ **가로수**(街 **路** 樹) 도로에 줄지어 심은 나무 〔국어 5-1(나)〕
거리 가 길 로 나무 수

---

1 다음 한자의 뜻(훈)과 소리(음)를 써 보세요.

路　　뜻(훈): ＿＿＿＿＿＿＿＿　　소리(음): ＿＿＿＿＿＿＿＿

2 다음 뜻에 알맞은 단어를 골라 빈칸에 한글로 써 보세요.

[1] 사람이나 차가 다니도록 만든 길

① 迷路　　② 道路
미혹할 미

[2] 산을 오를 수 있게 만든 길

① 街路燈　　② 登山路
거리 가　　등 등

3 다음 **길 로** 한자를 순서대로 써 보세요.

부수 足(발족, 7획) 획수 총 13획

길 로   길로

4 다음 문장 중 밑줄 친 부분이 뜻하는 단어를 골라 보세요. ································ [   ]

> 길을 걷다 보면 <u>도로에 줄지어 심은 나무</u>들을 볼 수 있습니다. 그중에서 가장 눈에 띄는 나무는 은행나무일 것입니다. 은행나무는 단순히 냄새만 풍기는 나무가 아닙니다. 은행나무는 도로의 매연을 빨아들기도 하고, 벌레들이 싫어하는 냄새를 풍겨서 나무 근처의 벌레들을 쫓아버리기도 합니다.

① 산책로(散策路)   ② 가로수(街路樹)   ③ 미로(迷路)   ④ 대로(大路)
흩을 산 꾀 책   거리 가   미혹할 미

5 다음 낱말 중 路 **길 로** 한자가 쓰인 단어는 무엇인지 2개 골라 ○표를 해 보세요.

경로당	불로초	미로	가로등
마을 어른들을 위해 마련한 방	먹으면 늙지 않게 해준다는 약초	여러 갈래로 복잡하게 생긴 길	도로를 비추기 위해 줄지어 설치한 등
( )	( )	( )	( )

끝난 시간 [ ] 시 [ ] 분 **1회 분 푸는 데 걸린 시간** [ ] 분   **5문제 중** [ ] 개   3번은 정확히
다 써야 정답입니다.   **스스로
붙임딱지** 

공부한 날 [ ]월 [ ]일
시작 시간 [ ]시 [ ]분

고을 군

뜻(훈)　고을
소리(음)　군
영어 county 고을

[고을 군은 임금이 고을을 다스리는 모습을 나타낸 한자입니다.]

군이라고 읽으며 고을, 관아 등의 뜻이 있습니다.

예문 군립 도서관에는 책이 많다.
= 군에서 지어서 관리하는 도서관에는 책이 많다.

📖 교과어휘

① **군청**(郡 廳) 군의 일을 맡아하는 관청 〔사회 4-1〕
고을 군 관청 청
② **군수**(郡 守) 군의 행정 일을 하는 으뜸 관리
고을 군 지킬 수
③ **시군구**(市 郡 區) 행정구역인 시, 군, 구
저자 시 고을 군 구분할 구
④ **평창군**(平 昌 郡) 강원도에 있는 군으로 동계올림픽을 개최한 곳
평평할 평 창성할 창 고을 군
⑤ **군립**(郡 立) 군에서 지어서 관리하는 곳
고을 군 설 립
⑥ **군민**(郡 民) 행정구역인 군에 사는 사람
고을 군 백성 민
⑦ **군내**(郡 內) 고을의 안
고을 군 안 내

---

1 다음 한자의 뜻(훈)과 소리(음)를 써 보세요.

郡　　뜻(훈): ___________________　　소리(음): ___________________

---

2 다음 뜻에 알맞은 단어를 골라 빈칸에 한글로 써 보세요.

[1] 군에서 지어서 관리하는 곳

①郡內　　②郡立

[2] 행정구역인 군에 사는 사람

①郡民　　②郡守
지킬 수

3 다음 **고을 군** 한자를 순서대로 써 보세요.

부수 阝(우부방, 3획) 획수 총 10획

1 郡	2 郡	3 郡	4 郡	5 郡	6 郡	7 郡
고을 군	고을 군					
8 郡	9 郡	10 郡	11 郡	12 郡	13	14
15	16	17	18	19	20	21

4 다음 문장 중 밑줄 친 글자에 알맞은 한자를 보기에서 찾아 써 보세요.

보기

古　吉　群　郡　開　間

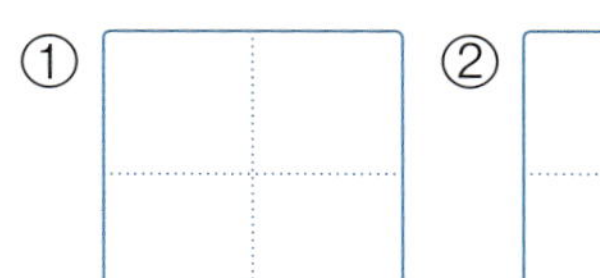옛날부터 우리 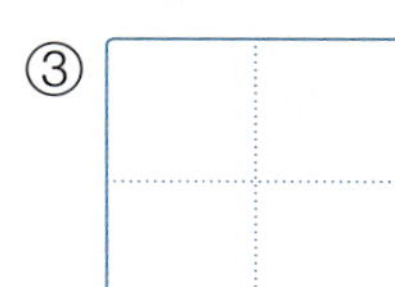고을에서는 매년 고추장 축제가 **열렸다**.

① ☐　② ☐　③ ☐

5 다음 낱말 중 郡 **고을 군** 한자가 쓰인 단어는 무엇인지 2개 골라 ○표를 해 보세요.

시군구	군인	해군	군청
행정구역인 시, 군, 구	군대에서 나라를 지키는 사람	주로 바다 위에서 나라를 지키는 군인	군의 일을 맡아하는 관청
(　　　)	(　　　)	(　　　)	(　　　)

끝난 시간 ☐ 시 ☐ 분 **1회 분 푸는 데 걸린 시간** ☐ 분  **5문제 중** ☐ 개 3번은 정확히 다 써야 정답입니다. 스스로 붙임딱지 

● 밑줄 친 글자의 한자를 찾아 번호를 써 보세요.

서울쥐와 시골쥐

시골에 놀러 온 서울쥐가 **쌀** 낱알을 먹고 있는 시골쥐를 보고 말했습니다.
3

"시골쥐야, 나와 함께 서울로 가자. 서울에서는 빵과 치즈를 매일 먹을 수 있어."

시골쥐는 서울쥐를 따라 서울로 **향**했습니다.

서울에 도착한 시골쥐는 신이 나서 도**로**를 뛰어다니며 구경했습니다.

그때, **차**가 빵-! 하고 큰 소리를 내며 시골쥐 옆을 지나갔습니다.

"서울에서는 절대 **방**심하면 안 돼. 사방이 위험 투성이거든. 조심히 나를 잘 따라와!"

서울쥐는 건**물** 사이로 들어가더니 한 건물의 주방문을 활짝 열었습니다.

"이곳은 항상 **개**방되어 있어서 언제든지 음식들을 먹을 수 있어."

그런데 그때, "야옹" 고양이 소리가 들렸습니다. 서울쥐는 급하게 주방문을 닫았습니다.

너무 지친 시골쥐는 한숨을 쉬며 말했습니다.

"서울쥐야, 나는 서울에서 못 살겠어. **안**전한 시골로 다시 돌아갈래."

보기

① 路 ② 物 ③ 米 (쌀 미) ④ 開 ⑤ 向 ⑥ 安 ⑦ 放 ⑧ 車

4주차

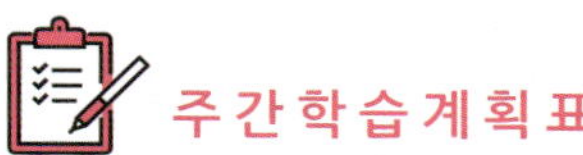

주간학습계획표

회차	학습내용		학습계획일	
16회	發 필 발		월	일
17회	表 겉 표		월	일
18회	集 모을 집		월	일
19회	計 셀 계		월	일
20회	界 지경 계		월	일

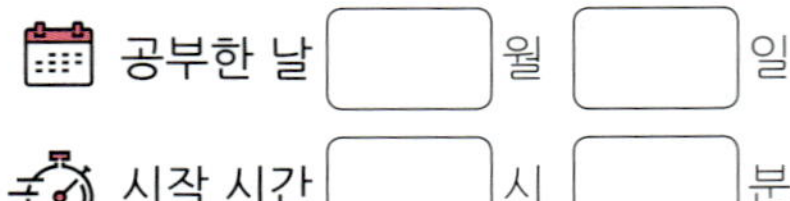

發

뜻(훈) **필**
소리(음) **발**

영어 **generate 발생시키다**

[**필 발**은 **활을 쏘는 모습**을 나타낸 한자입니다.]

발이라고 읽으며 피다, 쏘다, 가다, 보내다 등의 뜻이 있습니다.

예문 미술 시간에 내가 그린 그림을 **발표**했어.
= 미술 시간에 내가 그린 그림을 **알렸어**.

📖 교과어휘

① **발**생(發 生) 사물이나 사건이 새로 생겨나거나 나타남 [국어 3-1(나)]
　　　필 발 날 생

② **출발**(出 發) 목적지를 향하여 나아가기 시작함 [국어 1-1(가)]
　　　날 출 필 발

③ **발표**(發 表) 무언가를 드러내어 세상에 알림 [국어 1-1(나)]
　　　필 발 겉 표

④ **폭발**(爆 發) 불이 일어나며 갑자기 터짐 [사회 3-1]
　　　터질 폭 필 발

⑤ **발견**(發 見) 미처 보지 못했던 것을 찾아냄 [국어 3-1(가)]
　　　필 발 볼 견

⑥ **발굴**(發 掘) 땅에 묻혀 있던 것을 캐냄. 또는 알려져 있지 않던 것을 찾아냄 [국어 3-2(나)]
　　　필 발 팔 굴

⑦ **발전**(發 展) 어떤 것이 전보다 더 나은 상태가 되어감 [겨울 1-2]
　　　필 발 펼 전

⑧ **발전소**(發 電 所) 발전기를 이용하여 전기를 만들어내는 곳 [국어 4-1(가)]
　　　필 발 번개 전 바 소

---

1 다음 한자의 뜻(훈)과 소리(음)를 써 보세요.

發 　 뜻(훈): ＿＿＿＿＿＿＿＿＿＿　 소리(음): ＿＿＿＿＿＿＿＿＿＿

2 다음 뜻에 알맞은 단어를 골라 빈칸에 한글로 써 보세요.

[1] 목적지를 향하여 나아가기 시작함

① 出 發　 ② 爆 發
　　　　　　터질 폭

[2] 어떤 것이 전보다 더 나은 상태가 되어감

① 發 展　 ② 發 掘
　　펼 전　　팔 굴

3 다음 **필 발** 한자를 순서대로 써 보세요.

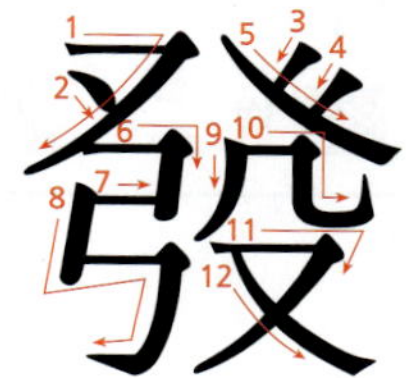

부수 癶(필발머리, 5획) 획수 총 12획

1 發	2 發	3 發	4 發	5 發	6 發	7 發
필발 필발						
8 發	9 發	10 發	11 發	12 發	13 發	14 發
15	16	17	18	19	20	21

4 다음 문장 중 빈칸에 들어갈 알맞은 단어를 골라 보세요. ··· [   ]

> 이곳은 어디일까요? 이곳은 물이나 바람 또는 태양열 등을 이용하여 전기를 만들어내는 곳입니다. 이곳은 바로 (   )입니다.

① 발표(發表)   ② 발생(發生)   ③ 발전소(發電所)   ④ 발견(發見)
겉표   볼견

5 다음 낱말 중 發 **필 발** 한자가 쓰인 단어는 무엇인지 2개 골라 ○표를 해 보세요.

폭발	발견	가발	단발
불이 일어나며 갑자기 터짐	미처 보지 못했던 것을 찾아냄	머리카락처럼 만들어 머리에 쓰는 물건	목덜미까지 오는 짧은 길이의 머리
( )	( )	( )	( )

끝난 시간 [ ]시 [ ]분 1회 분 푸는 데 걸린 시간 [ ]분   5문제 중 [ ]개 3번은 정확히 다 써야 정답입니다. 스스로 붙임딱지

공부한 날 [ ] 월 [ ] 일
시작 시간 [ ] 시 [ ] 분

表

뜻(훈)　겉
소리(음)　표

영어　surface 표면

겉

겉 **표**

겉 **표**

[**겉 표**는 **털이 있는 외투의 모양**을 나타낸 한자입니다.]

표라고 읽으며 겉, 나타내다, 나타나다 등의 뜻이 있습니다.

예문 나는 손을 들고 정답을 발표했다.
= 나는 손을 들고 정답을 드러내어 알렸다.

교과어휘

① **표**면(表 面) 겉으로 드러나는 면　국어 3-2(가)
　　　　겉 표　낯 면

② 발**표**(發 表) 무언가를 드러내어 세상에 알림　국어 1-1(나)
　　　필 발　겉 표

③ **표**정(表 情) 감정이 얼굴에 드러나는 모습　국어 1-1(가)
　　　겉 표　뜻 정

④ **표**현(表 現) 생각을 말이나 행동으로 나타냄　국어 1-1(나)
　　　겉 표　나타날 현

⑤ 시간**표**(時 間 表) 시간에 따라 일이나 항목을 적어놓은 표　국어 1-1(나)
　　　　때 시 사이 간 겉 표

⑥ 계획**표**(計 劃 表) 앞으로 할 일을 적어놓은 표　겨울 2-2
　　　　셀 계 그을 획 겉 표

⑦ **표**시(表 示) 생각이나 마음을 남에게 알리려고 겉으로 드러냄　국어 1-2(가)
　　　겉 표 보일 시

1 다음 한자의 뜻(훈)과 소리(음)를 써 보세요.

表　　뜻(훈): ＿＿＿＿＿＿＿＿　　소리(음): ＿＿＿＿＿＿＿＿

2 다음 뜻에 알맞은 단어를 골라 빈칸에 한글로 써 보세요.

[1] 시간에 따라 일이나 항목을 적어놓은 표

①計劃表　②時間表
　셀 계　그을 획

[2] 무언가를 드러내어 세상에 알림

①表現　　②發表

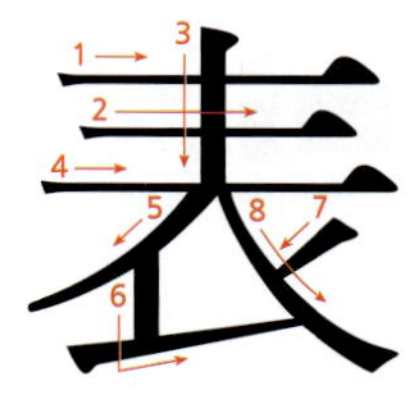

表 表 表 表 表 表 表 表

부수 **衣**(옷 의, 6획) 획수 총 8획

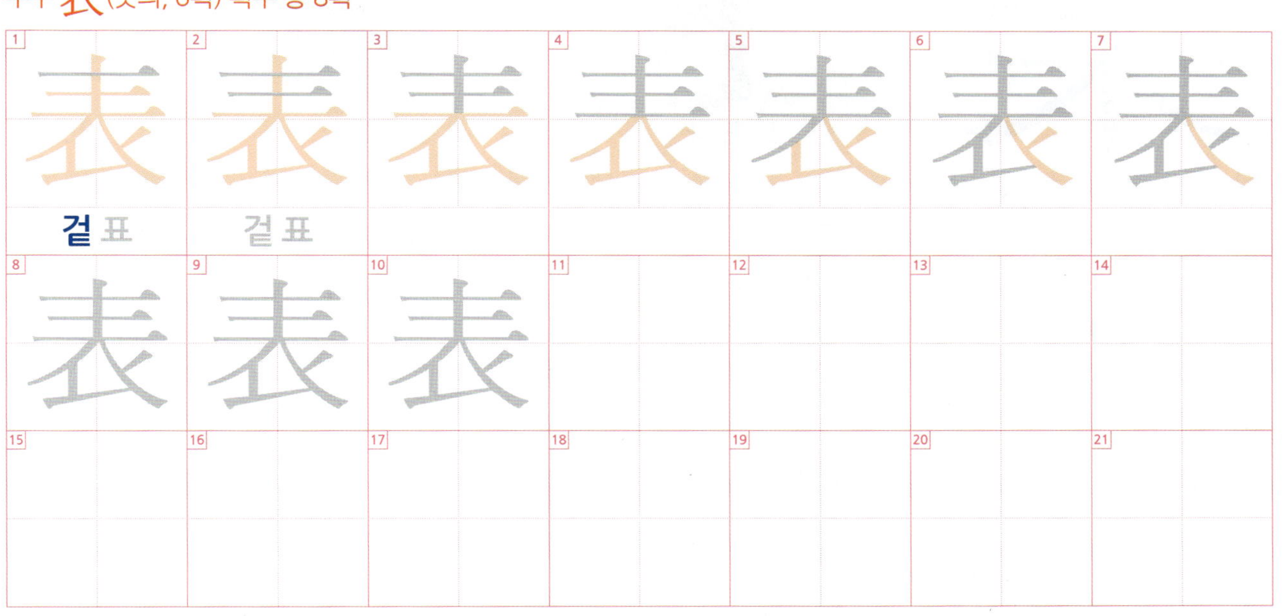

1 表 겉표	2 表 겉표	3 表	4 表	5 表	6 表	7 表
8 表	9 表	10 表	11	12	13	14
15	16	17	18	19	20	21

4 다음 문장 중 빈칸에 들어갈 알맞은 단어를 골라 보세요. ······························ [   ]

아기는 편안한 (   )(으)로 새근새근 자고 있었다.

① 표면(表面)   ② 표정(表情)   ③ 계획표(計劃表)   ④ 표시(表示)
              뜻 정   셀 계   그을 획   보일 시

5 다음 낱말 중 表 겉 표 한자가 쓰인 단어는 무엇인지 2개 골라 ○표를 해 보세요.

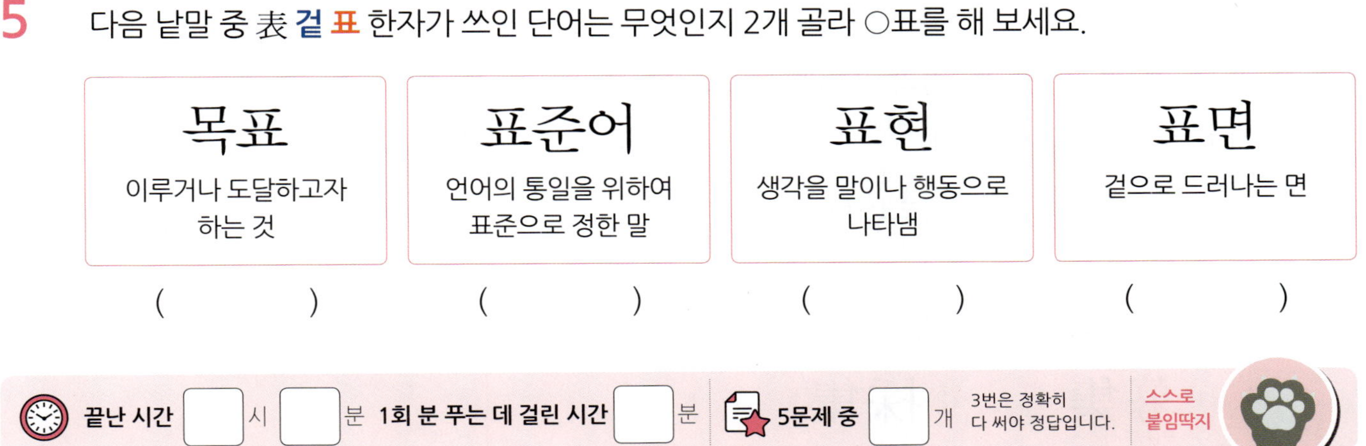

목표	표준어	표현	표면
이루거나 도달하고자 하는 것	언어의 통일을 위하여 표준으로 정한 말	생각을 말이나 행동으로 나타냄	겉으로 드러나는 면
( )	( )	( )	( )

끝난 시간 [ ]시 [ ]분   1회 분 푸는 데 걸린 시간 [ ]분   5문제 중 [ ]개   3번은 정확히 다 써야 정답입니다.   스스로 붙임딱지

공부한 날 [ ]월 [ ]일
시작 시간 [ ]시 [ ]분

集

뜻(훈)　모을
소리(음)　집
영어　gather 모으다

[모을 집은 **나무에 새들이 모여 있는 모습**을 나타낸 한자입니다.]

집이라고 읽으며 모으다, 모이다 등의 뜻이 있습니다.

예문 민경이의 취미는 우표 수집이다.
　= 민경이의 취미는 여러 종류의 우표를 모으는 것이다.

📖 교과어휘

① **집**중력(集 中 力) 마음이나 주의를 한 곳에 쏟을 수 있는 힘 〔국어활동 3-1〕
　　모을 집 가운데 중 힘 력
② 우편**집**배원(郵 便 集 配 員) 우체통의 우편을 모아서 각 집에 배달해주는 사람 〔가을 2-2〕
　　우편 우 편할 편 모을 집 나눌 배 인원 원
③ 문제**집**(問 題 集) 학습 문제들을 여럿 모은 책
　　물을 문 제목 제 모을 집
④ 시**집**(詩 集) 여러 편의 시를 모은 책 〔국어 4-1(가)〕
　　시 시 모을 집
⑤ 채**집**(採 集) 동물이나 식물, 곤충 등을 찾아서 모음 〔국어 3-1(나)〕
　　캘 채 모을 집
⑥ 수**집**(蒐 集) 취미나 연구를 위하여 여러 가지를 열심히 찾아 모음 〔사회 4-1〕
　　모을 수 모을 집
⑦ **집**단(集 團) 여러 사람이 모여 이룬 떼 〔사회 3-1〕
　　모을 집 둥글 단
⑧ 모**집**(募 集) 조건에 맞는 사람이나 물건을 널리 구하여 모음
　　모을 모 모을 집

---

1 다음 한자의 뜻(훈)과 소리(음)를 써 보세요.

集　　뜻(훈): ＿＿＿＿＿＿＿＿＿　　소리(음): ＿＿＿＿＿＿＿＿＿

2 다음 뜻에 알맞은 단어를 골라 빈칸에 한글로 써 보세요.

[1] 여러 편의 시를 모은 책

① 集團　　② 詩集
　둥글 단　　시 시

[2] 조건에 맞는 사람이나 물건을 널리 구하여 모음

① 募集　　② 採集
　모을 모　　캘 채

3 다음 **모을 집** 한자를 순서대로 써 보세요.

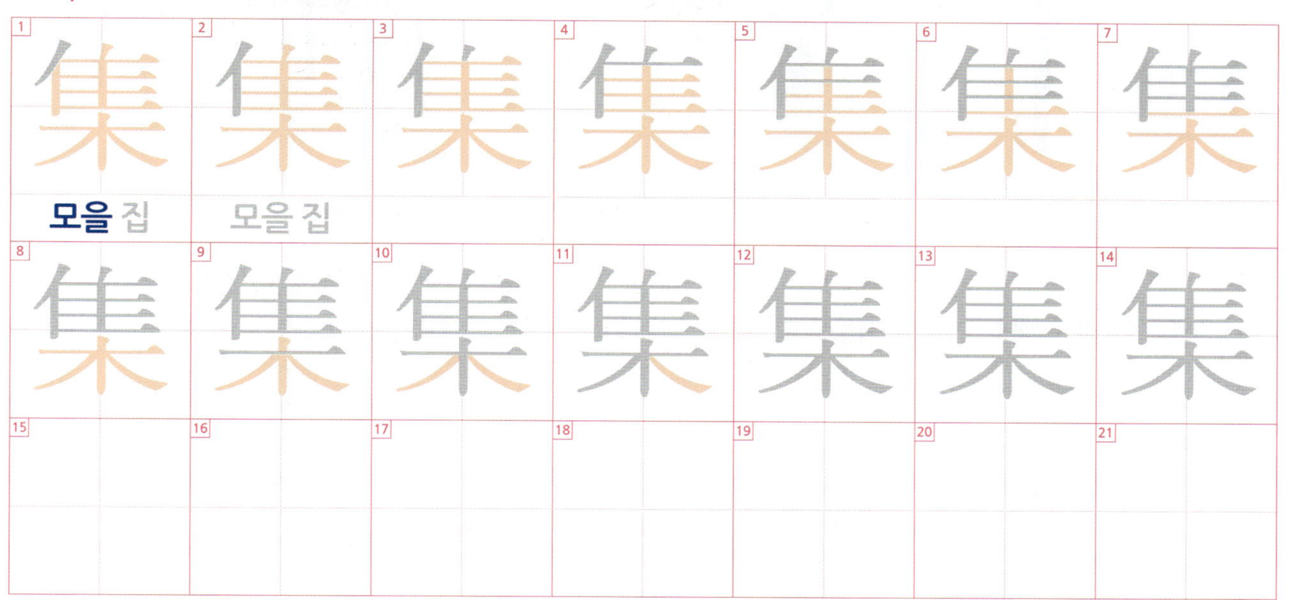

부수 隹(새추, 8획) 획수 총 12획

4 다음 문장 중 빈칸에 공통으로 들어갈 알맞은 단어를 골라 보세요. ·························· [   ]

> (   )은 우체국에서 편지나 택배를 집으로 배달해주는 사람입니다. 우리가 우체통에 편지를 넣으면, 편지에 적힌 주소를 보고 (   )이 편지를 알맞은 곳에 전달해줍니다.

① 우편집배원(郵 便 集 配 員)
우편 우   나눌 배 인원 원

② 집중력(集 中 力)

③ 수집(蒐 集)
모을 수

5 다음 낱말 중 集 **모을 집** 한자가 쓰인 단어는 무엇인지 2개 골라 ○표를 해 보세요.

집착	채집	고집	문제집
어떤 것에 마음이 쏠려 벗어나지 못하고 매달림	동물이나 식물, 곤충 등을 찾아서 모음	자신의 생각만 굳게 지키며 우김	학습 문제들을 여럿 모은 책
( )	( )	( )	( )

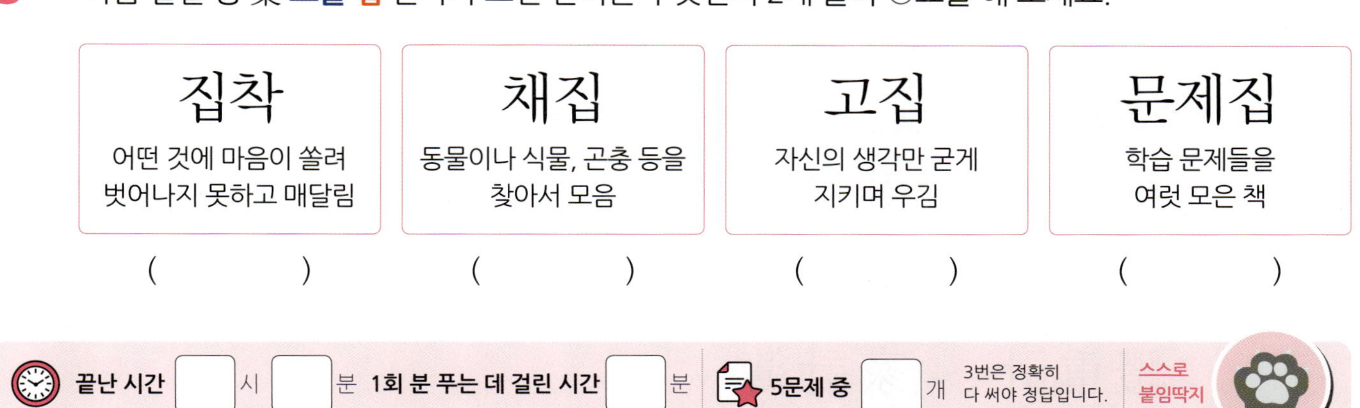

공부한 날 [　] 월 [　] 일
시작 시간 [　] 시 [　] 분

計

뜻(훈)　셀
소리(음)　계

영어　count 세다

[**셀 계**는 **입으로 숫자를 세는 모습**을 나타낸 한자입니다.]

계라고 읽으며 세다, 계산하다, 헤아리다 등의 뜻이 있습니다.

예문 겨울 방학의 공부 **계획**을 세워야겠어.
　= 겨울 방학 동안 공부를 앞으로 어떻게 할지 방법을 세워야겠어.

📖 교과어휘

① **시계**(時 計) 시간을 재거나 나타내는 기계　국어활동 1-1
　때 시 셀 계
② **계획**(計 劃) 앞으로 할 일에 대해 방법을 세우거나 마음을 정하는 것　국어 1-1(가)
　셀 계 그을 획
③ **계산**(計 算) 숫자를 식에 따라 처리함. 또는 어떤 일이 자신에게 이익이 되는지 해가 되는지 따져봄　국어 2-2(나)
　셀 계 셈 산
④ **설계**(設 計) 계획을 세움. 또는 기계, 건축 등의 분야에서 어떻게 할 것인지 미리 구체적으로 정함　국어 3-2(나)
　베풀 설 셀 계
⑤ **체중계**(體 重 計) 사람의 몸무게를 재는 기계
　몸 체 무거울 중 셀 계
⑥ **체온계**(體 溫 計) 몸의 온도를 재는 기계　가을 2-2
　몸 체 따뜻할 온 셀 계
⑦ **가계부**(家 計 簿) 한 가정의 수입과 지출 등을 적는 책
　집 가 셀 계 문서 부

1 다음 한자의 뜻(훈)과 소리(음)를 써 보세요.

計　　뜻(훈): ________________　　소리(음): ________________

2 다음 뜻에 알맞은 단어를 골라 빈칸에 한글로 써 보세요.

[1] 앞으로 할 일에 대해 방법을 세우거나 마음을 정하는 것

①計劃　　②計算
　그을 획

[2] 사람의 몸무게를 재는 기계

①體重計　　②家計簿
　　　　　　　문서 부

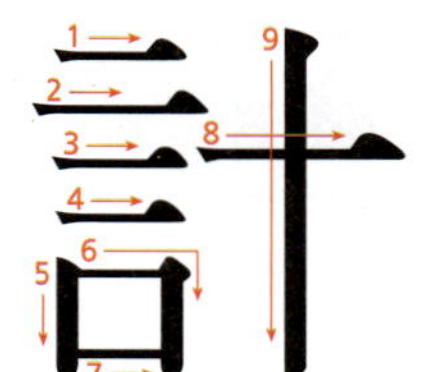

計 計 計 計 計 計 計 計 計

부수 言(말씀언, 7획) 획수 총 9획

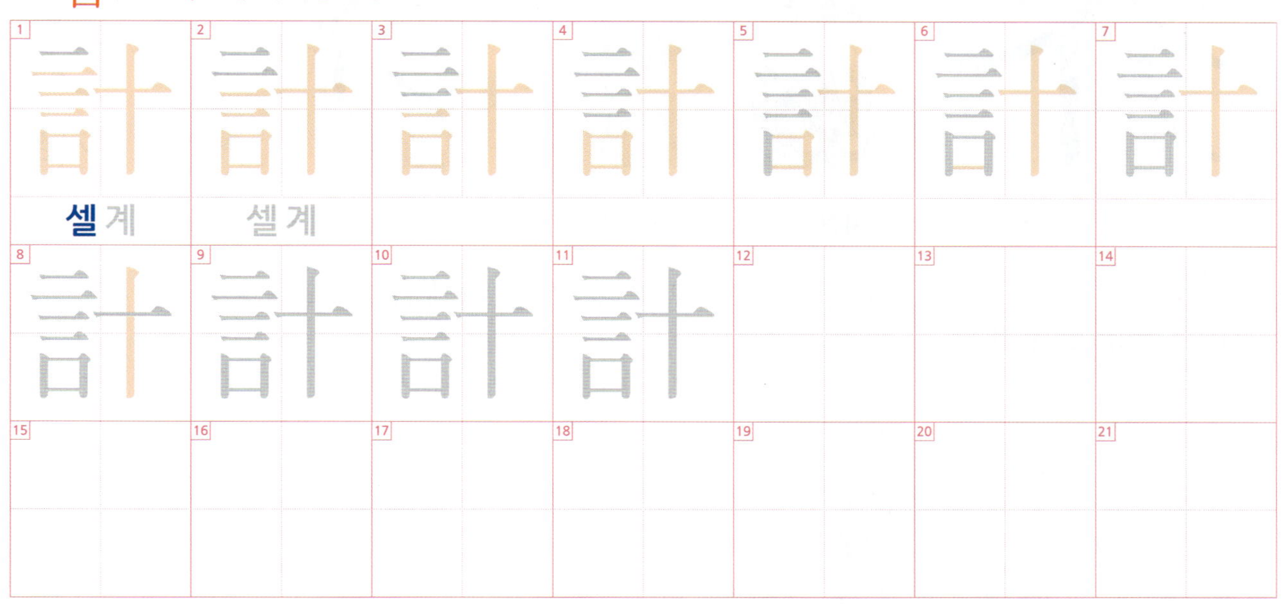

4 다음 문장 중 밑줄 친 부분을 한자어로 써 보세요.

> 세종대왕은 과학자들과 함께 **시간을 나타내는 기계**인 자격루와 앙부일구를 발명
> 했습니다. 물을 이용하는 자격루는 일정한 양의 물이 모이면 쇠구슬로 소리를 내어 시간을
> 알려주고, 해를 이용하는 앙부일구는 막대기의 그림자로 시간을 알려줍니다.

시간을 나타내는 기계 =

5 다음 낱말 중 計 **셀 계** 한자가 쓰인 단어는 무엇인지 2개 골라 ○표를 해 보세요.

세계	체온계	설계	계단
지구의 모든 나라들	몸의 온도를 재는 기계	계획을 세움	높이가 서로 다른 곳을 연결한 여러 턱
( )	( )	( )	( )

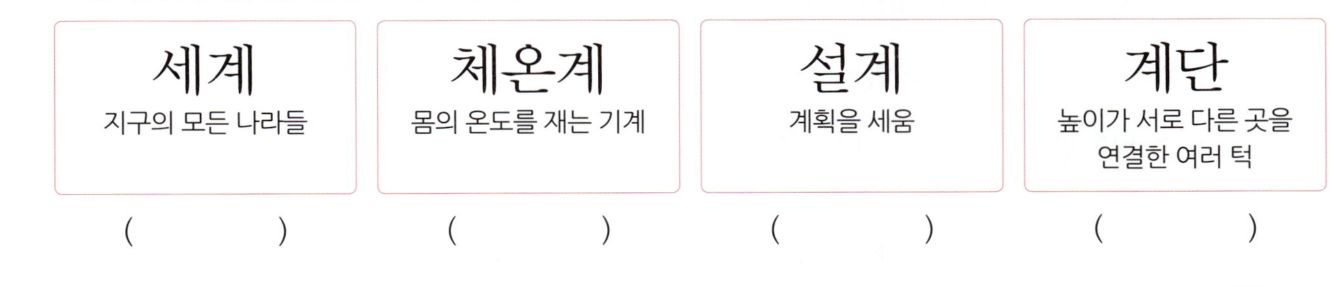

4
주

19
회

정답
130쪽

공부한 날 [ ] 월 [ ] 일
시작 시간 [ ] 시 [ ] 분

界

뜻(훈) 지경
소리(음) 계

영어 boundary 경계

[**지경 계**는 **밭과 밭 사이의 경계를 구분하는 모습**을 보고 만들었습니다.]

계라고 읽으며 지경, 범위, 안, 경계 등의 뜻이 있습니다.

예문 나의 꿈은 세계일주를 하는 거야.
= 나의 꿈은 세계를 돌며 여행하는 거야.

📖 교과어휘

① **세계**(世 界) 지구의 모든 나라들 국어 1-2(가)
　인간 세 지경 계
② **세계일주**(世 界 一 周) 세계를 한 바퀴 돌며 여행함
　인간 세 지경 계 한 일 두루 주
③ **세계적**(世 界 的) 규모나 영향이 전 세계에 미치는 것 사회 3-1
　인간 세 지경 계 과녁 적
④ **외계인**(外 界 人) 지구 밖의 다른 별에서 사는 생명체 국어 4-1(나)
　바깥 외 지경 계 사람 인
⑤ **경계**(境 界) 어떤 기준에 의해 구별되는 곳. 또는 두 개 이상이 맞닿은 곳 국어 3-1(나)
　지경 경 지경 계
⑥ **한계**(限 界) 힘이나 능력이 닿을 수 있는 범위 사회 4-1
　한할 한 지경 계

---

1 다음 한자의 뜻(훈)과 소리(음)를 써 보세요.

界　　뜻(훈): ___________　　소리(음): ___________

2 다음 뜻에 알맞은 단어를 골라 빈칸에 한글로 써 보세요.

[1] 힘이나 능력이 닿을 수 있는 범위

① 境 界　　② 限 界
　지경 경　　　한할 한

[2] 규모나 영향이 전 세계에 미치는 것

① 世 界 的　　② 外 界 人
　　과녁 적

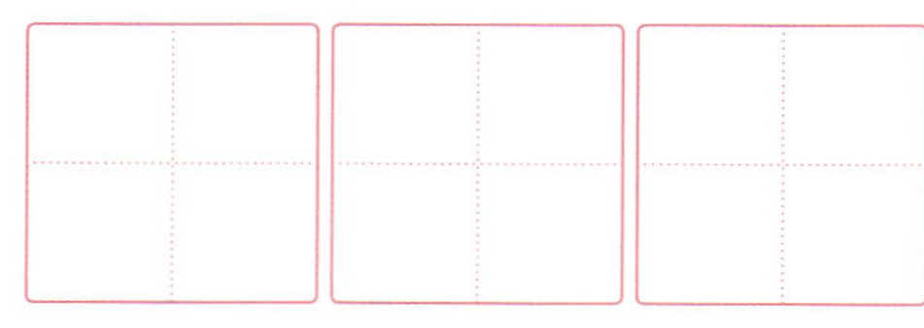

3 다음 **지경 계** 한자를 순서대로 써 보세요.

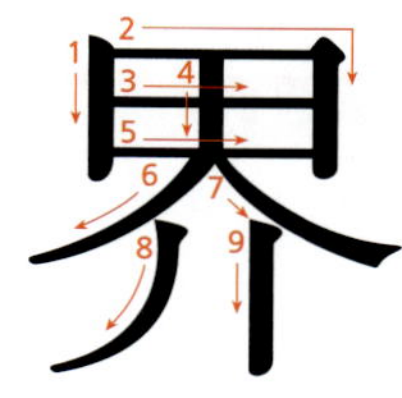

부수 田(밭전, 5획) 획수 총 9획

1	2	3	4	5	6	7
界	界	界	界	界	界	界
지경 계	지경 계					
8	9	10	11	12	13	14
界	界	界	界			
15	16	17	18	19	20	21

4 다음 문장 중 밑줄 친 부분을 한자어로 써 보세요.

> 우주에는 **지구 밖의 다른 별에서 사는 생명체**가 정말 있을까?

지구 밖의 다른 별에서 사는 생명체 = ☐ ☐ ☐

5 다음 낱말 중 **界 지경 계** 한자가 쓰인 단어는 무엇인지 2개 골라 ○표를 해 보세요.

계산기	세계	세계일주	계절
계산을 빨리 할 수 있도록 만든 기계	지구의 모든 나라들	세계를 한 바퀴 돌며 여행함	한 해를 기후에 따라 나눈 한 철
( )	( )	( )	( )

끝난 시간 ☐ 시 ☐ 분 1회 분 푸는 데 걸린 시간 ☐ 분 5문제 중 ☐ 개 3번은 정확히 다 써야 정답입니다. 스스로 붙임딱지

● 밑줄 친 글자의 한자를 찾아 번호를 써 보세요.

한글을 만드신 세종대왕

옛날 조선시대 때는 우리나라 글자가 없어 중국의 한자를 빌려서 사**용**했습니다. ⑤

하지만 한자는 우리나라 말을 정확하게 **표**현하기 어려웠을 뿐 아니라
일반 백성들은 한자를 읽고 쓸 줄 몰랐습니다.
백성들을 사랑했던 세종대**왕**은 우리나라 글자를 만들기로 결심했습니다.

신하들은 중국을 배신하는 일이라며 **반**대했지만 세종대왕은 굽히지
않았습니다.
오히려 신하들이 반대할수록 세종대왕은 한글 연구에 더 열중했습니다.

세종대왕이 훈민정음을 **발**표한 후, 백성들은
글을 읽고 쓸 줄 알게 되었습니다.
한글은 표현할 수 없는 발음이 거의 없을 정도로
과**학**적으로 뛰어난 **글자**이며,

오늘날 세**계**적으로도 그 위대함을 인정받고
있습니다.

보기

쓸 용
① 表 ② 字 ③ 學 ④ 發 ⑤ 用 ⑥ 界 ⑦ 反 ⑧ 王

5주차

주간학습계획표

회차	학습내용		학습계획일
21회	新 새 신		월 일
22회	聞 들을 문		월 일
23회	讀 읽을 독		월 일
24회	書 글 서		월 일
25회	習 익힐 습		월 일

新

뜻(훈)　새
소리(음)　신

영어 new 새로운

새로

새 신

새 신

[새 신은 **나무를 베어 새로운 물건을 만드는 모습**을 나타낸 한자입니다.]

신이라고 읽으며 새로, 처음 등의 뜻이 있습니다.

예문 딸기가 정말 신선해 보여.
　　= 딸기가 정말 싱싱해 보여.

📖 교과어휘

① **신문**(新 聞) 새로운 사건이나 소식을 알리는 인쇄물 국어활동 1-2
　　새 신 들을 문
② **최신**(最 新) 가장 새로운 것
　　가장 최 새 신
③ **신랑**(新 郎) 곧 결혼하는 남자. 또는 결혼한 지 얼마 되지 않은 남자
　　새 신 사내 랑
④ **신부**(新 婦) 곧 결혼하는 여자. 또는 결혼한 지 얼마 되지 않은 여자 국어활동 4-2
　　새 신 며느리 부
⑤ **신선**(新 鮮) 과일이나 생선 등이 싱싱함 가을 1-2
　　새 신 고울 선
⑥ **신기록**(新 　記 　錄) 원래 있던 기록보다 더 뛰어난 새로운 기록
　　새 신 기록할 기 기록할 록
⑦ **신입생**(新 入 生) 새로 입학하는 학생
　　새 신 들 입 날 생

---

1 다음 한자의 뜻(훈)과 소리(음)를 써 보세요.

新　　뜻(훈): ＿＿＿＿＿＿＿＿＿＿　　소리(음): ＿＿＿＿＿＿＿＿＿＿

---

2 다음 뜻에 알맞은 단어를 골라 빈칸에 한글로 써 보세요.

[1] 새로 입학하는 학생

　　① 新入生　　② 新記錄
　　　　　　　　　　　기록할 록

[2] 가장 새로운 것

　　① 最新　　　② 新聞
　　　가장 최　　　들을 문

3 다음 **새 신** 한자를 순서대로 써 보세요.

新 新 新 新 新 新 新 新
新 新 新 新 新

부수 斤(날근, 4획) 획수 총 13획

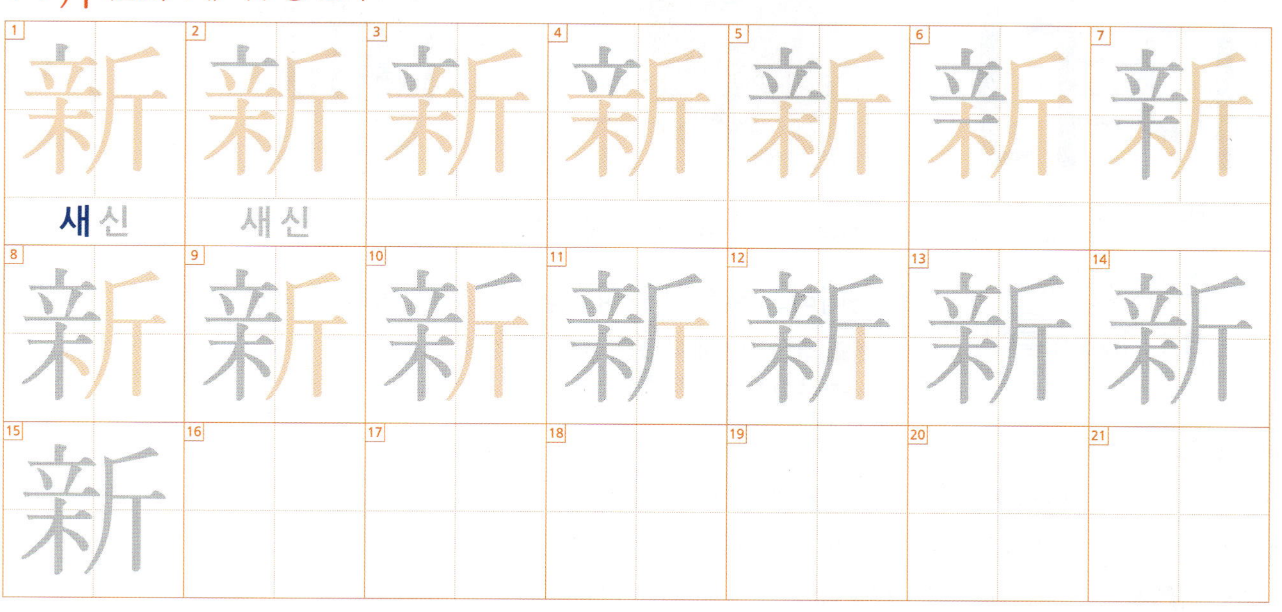

4 다음 문장 중 밑줄 친 글자에 알맞은 한자를 보기에서 찾아 써 보세요.

보기

足 是 大 天 薪 新

작년보다 **발**이 **커져**서 신발을 **새로** 샀다.

① 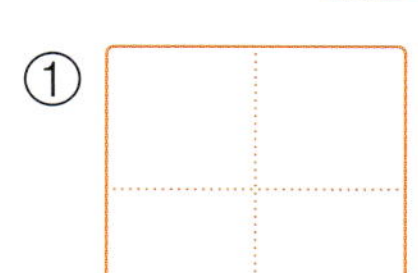　② 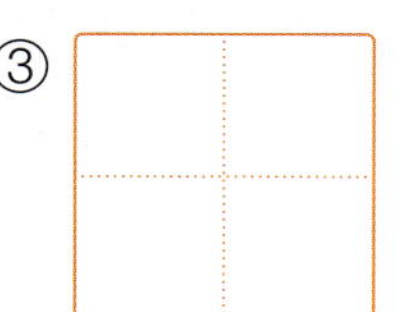　③

5 다음 낱말 중 新 **새 신** 한자가 쓰인 단어는 무엇인지 2개 골라 ○표를 해 보세요.

삼신할미	신부	변신	신기록
아기를 생기게 해준다는 신령	곧 결혼하는 여자	몸의 모양 또는 물건을 바꿈	원래 있던 기록보다 더 뛰어난 새로운 기록
( )	( )	( )	( )

 끝난 시간 ☐ 시 ☐ 분 **1회 분 푸는 데 걸린 시간** ☐ 분 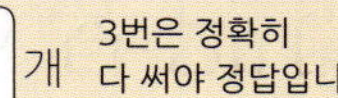 **5문제 중** ☐ 개 3번은 정확히 다 써야 정답입니다. 스스로 붙임딱지

공부한 날 [　]월 [　]일
시작 시간 [　]시 [　]분

聞

뜻(훈)　들을
소리(음)　문
영어　listen 듣다

[들을 문은 **문밖의 소리를 듣는 모습**을 나타낸 한자입니다.]

문이라고 읽으며 듣다, 들리다, 알다 등의 뜻이 있습니다.

예문 조선시대 때 태종은 신문고를 설치했다.
　= 조선시대 때 태종은 백성들의 억울함을 듣기 위한 북을 설치했다.

📖 교과어휘

① **소문**(所 聞) 여러 사람들의 입을 통해 전해지는 말 국어 2-2(나)
　　바 소 들을 문
② **신문지**(新 聞 紙) 새로운 사건이나 소식을 알리는 내용을 싣는 종이 겨울 1-2
　　새 신 들을 문 종이 지
③ **신문기자**(新 聞 記 者) 신문에 기사를 써내는 사람
　　새 신 들을 문 기록할 기 놈 자
④ **학급신문**(學 級 新 聞) 학급에서 선생님과 학생들이 함께 펴내는 신문
　　배울 학 등급 급 새 신 들을 문
⑤ **신문고**(申 聞 鼓) 조선시대 때 백성들이 억울함을 직접 하소연할 수 있도록 만든 북
　　거듭 신 들을 문 북 고
⑥ **금시초문**(今 時 初 聞) 이제야 처음 들음
　　이제 금 때 시 처음 초 들을 문
⑦ **견문**(見 聞) 보고 들어서 얻은 지식 국어 5-1(나)
　　볼 견 들을 문

---

1 다음 한자의 뜻(훈)과 소리(음)를 써 보세요.

聞　　뜻(훈): ＿＿＿＿＿＿＿＿＿　　소리(음): ＿＿＿＿＿＿＿＿＿

2 다음 뜻에 알맞은 단어를 골라 빈칸에 한글로 써 보세요.

[1] 보고 들어서 얻은 지식

① 見聞　　② 所聞
　볼 견

[2] 신문에 기사를 써내는 사람

① 新聞記者　② 學級新聞

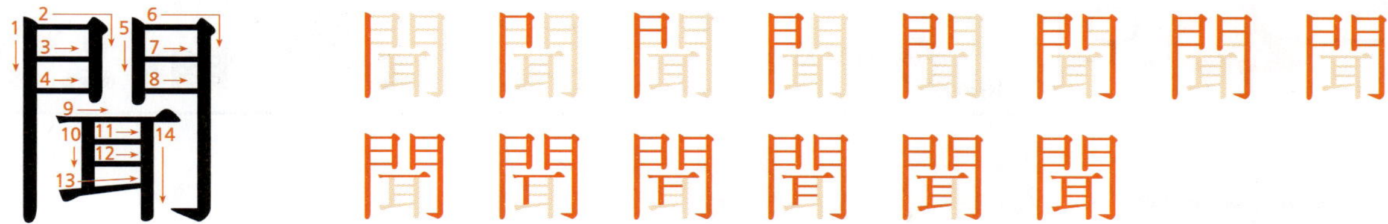

부수 **耳** (귀이, 6획) 획수 총 14획

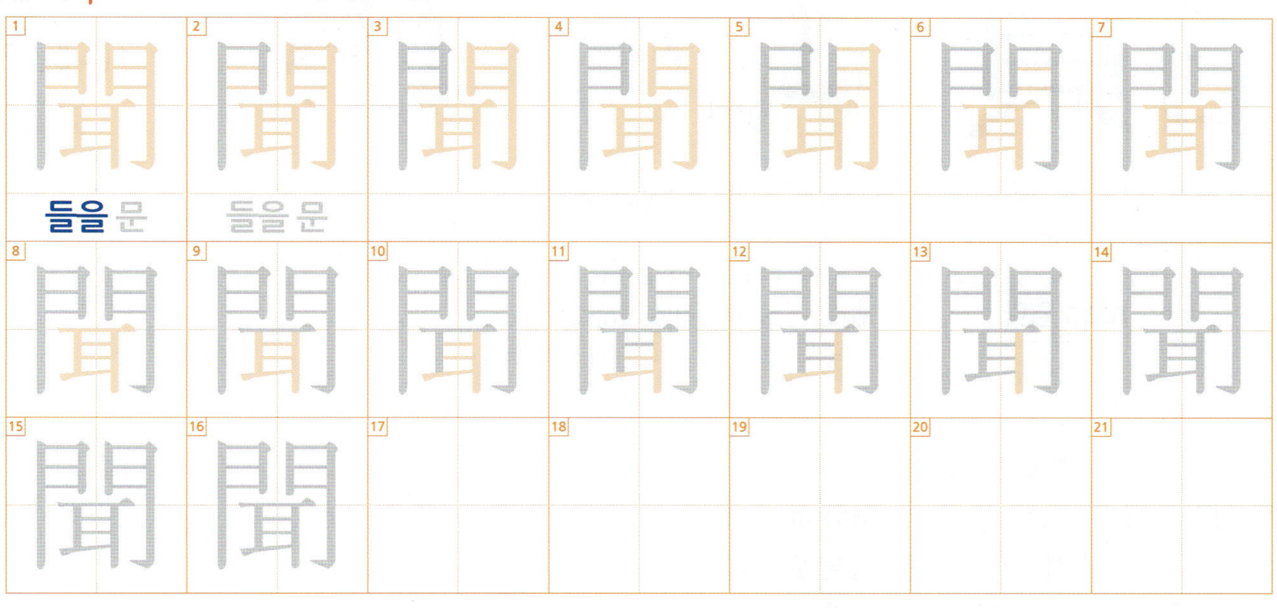

들을 문   들을 문

4 다음 문장 중 밑줄 친 한자의 음(音)을 써 보세요.

임금님 귀가 당나귀 귀라는 所**聞**이 퍼졌다.

(   )

5 다음 낱말 중 **聞 들을 문** 한자가 쓰인 단어는 무엇인지 2개 골라 ○표를 해 보세요.

신문지	문어	금시초문	대문
새로운 사건이나 소식을 알리는 내용을 싣는 종이	낙지과에 속하는 연체동물	이제야 처음 들음	집을 나가는 큰 문
( )	( )	( )	( )

끝난 시간 [ ]시 [ ]분 **1회 분 푸는 데 걸린 시간** [ ]분 **5문제 중** [ ]개 3번은 정확히 다 써야 정답입니다. **스스로 붙임딱지**

讀

뜻(훈)   **읽을**

소리(음) **독**

영어 **read 읽다**

讀 읽을 독

[**읽을 독**은 **무언가를 읽는 모습**을 나타낸 한자입니다.]

독이라고 읽으며 읽다, 이해하다 등의 뜻이 있습니다.

예문 독서는 마음의 양식이다.
= 책을 읽는 것은 마음의 양식이다.

📖 **교과어휘**

① **독**서(讀 書) 책을 읽음 〔국어 1-2(나)〕
　　　읽을 독 글 서
② **필독**서(必 讀 書) 반드시 읽어야 하는 책
　　　반드시 필 읽을 독 글 서
③ **독**자(讀 者) 책, 신문 등 출판물을 읽는 사람
　　　읽을 독 놈 자
④ **독후**감(讀 後 感) 책을 읽고 난 후의 생각이나 느낌 또는 그것을 적은 글
　　　읽을 독 뒤 후 느낄 감
⑤ **독**서록(讀 書 錄) 무슨 책을 읽었는지 간단하게 남기는 기록 〔겨울 2-2〕
　　　읽을 독 글 서 기록할 록
⑥ **낭독**(朗 讀) 소리 내어 읽음 〔국어 3-1(나)〕
　　　밝을 낭 읽을 독
⑦ **정독**(精 讀) 뜻을 이해하며 자세히 읽음
　　　정할 정 읽을 독

---

1 다음 한자의 뜻(훈)과 소리(음)를 써 보세요.

讀   뜻(훈): ________________   소리(음): ________________

2 다음 뜻에 알맞은 단어를 골라 빈칸에 한글로 써 보세요.

[1] 책, 신문 등 출판물을 읽는 사람

①精讀   ②讀者
　정할 정

[2] 반드시 읽어야 하는 책

①必讀書   ②讀後感
　반드시 필　글 서

3 다음 **읽을 독** 한자를 순서대로 써 보세요.

부수 言(말씀언, 7획) 획수 총 22획

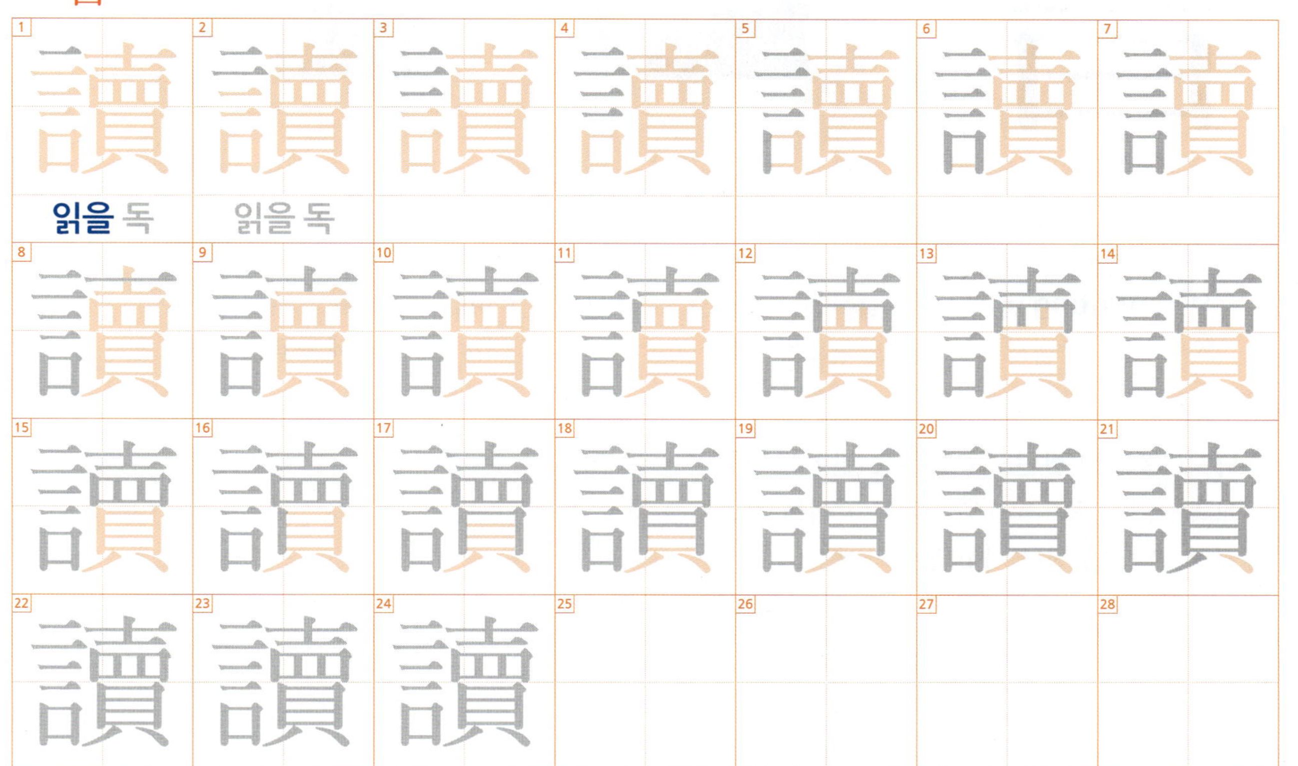

4 다음 문장 중 밑줄 친 한자의 음(音)을 써 보세요.

민준이는 책상에 앉아서 讀書하는 것을 좋아한다.

(   )

5 다음 낱말 중 讀 **읽을 독** 한자가 쓰인 단어는 무엇인지 2개 골라 ○표를 해 보세요.

독일	낭독	독서록	단독
베를린이 수도인 나라	소리 내어 읽음	책을 읽고 남기는 기록	혼자인 상태
( )	( )	( )	( )

끝난 시간 ☐ 시 ☐ 분 1회 분 푸는 데 걸린 시간 ☐ 분 5문제 중 ☐ 개 3번은 정확히 다 써야 정답입니다. 스스로 붙임딱지

書

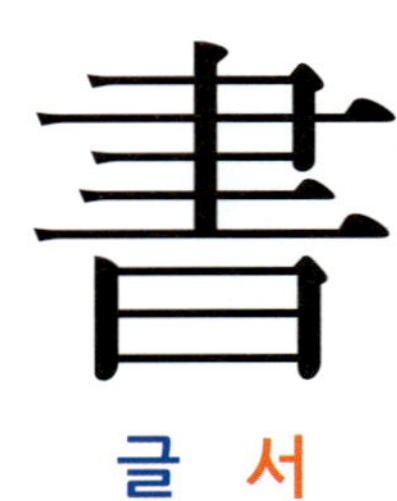

뜻(훈)　글
소리(음)　서
영어 writing 글

[글 서는 **붓으로 글씨를 쓰는 모습**을 나타낸 한자입니다.]

서라고 읽으며 글, 글자 등의 뜻이 있습니다.

예문 큰일이야! 교과서를 집에 두고 왔어.
= 큰일이야! 학교에서 지식을 가르치는 책을 집에 두고 왔어.

📖 교과어휘

① **낙서**(落 書) 장난으로 아무렇게나 쓴 그림이나 글　가을 2-2
　　떨어질 낙 글 서
② **교과서**(敎 科 書) 학교에서 지식을 가르치는 책　국어 1-1(가)
　　가르칠 교 과목 과 글 서
③ **서점**(書 店) 책을 사고파는 가게　국어 1-2(나)
　　글 서 가게 점
④ **도서실**(圖 書 室) 책을 모아두거나 볼 수 있도록 한 방
　　그림 도 글 서 집 실
⑤ **엽서**(葉 書) 봉투 없이 보낼 수 있는 작은 편지지　국어 5-1(가)
　　잎 엽 글 서
⑥ **신청서**(申 請 書) 신고하거나 요구하는 뜻의 문서　사회 3-1
　　거듭 신 청할 청 글 서
⑦ **보고서**(報 告 書) 보고하는 내용의 글을 적은 문서　사회 3-1
　　알릴 보 고할 고 글 서
⑧ **사서**(司 書) 도서관에서 문서나 책을 관리하는 사람　국어 1-2(나)
　　맡을 사 글 서

1 다음 한자의 뜻(훈)과 소리(음)를 써 보세요.

書　　뜻(훈): ＿＿＿＿＿＿＿＿　　소리(음): ＿＿＿＿＿＿＿＿

2 다음 뜻에 알맞은 단어를 골라 빈칸에 한글로 써 보세요.

[1] 책을 사고파는 가게

① 書店　　② 司書
　가게 점　　맡을 사

[2] 책을 모아두거나 볼 수 있도록 한 방

① 報告書　　② 圖書室
　갚을 보 고할 고

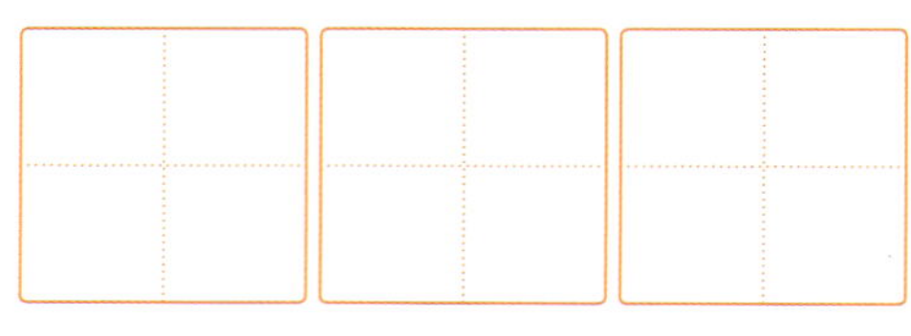

3 다음 **글 서** 한자를 순서대로 써 보세요.

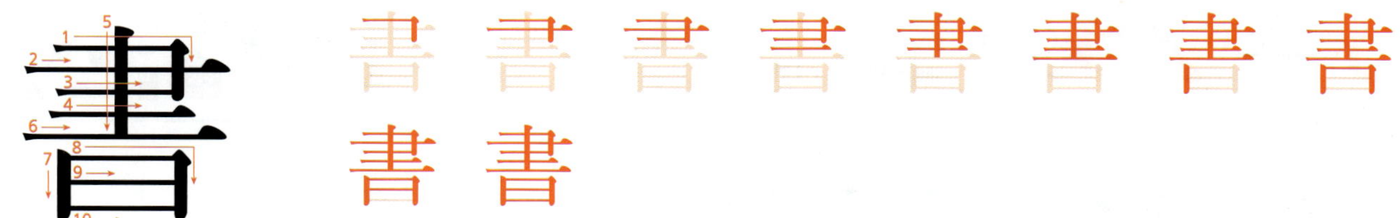

부수 日 (가로왈, 4획) 획수 총 10획

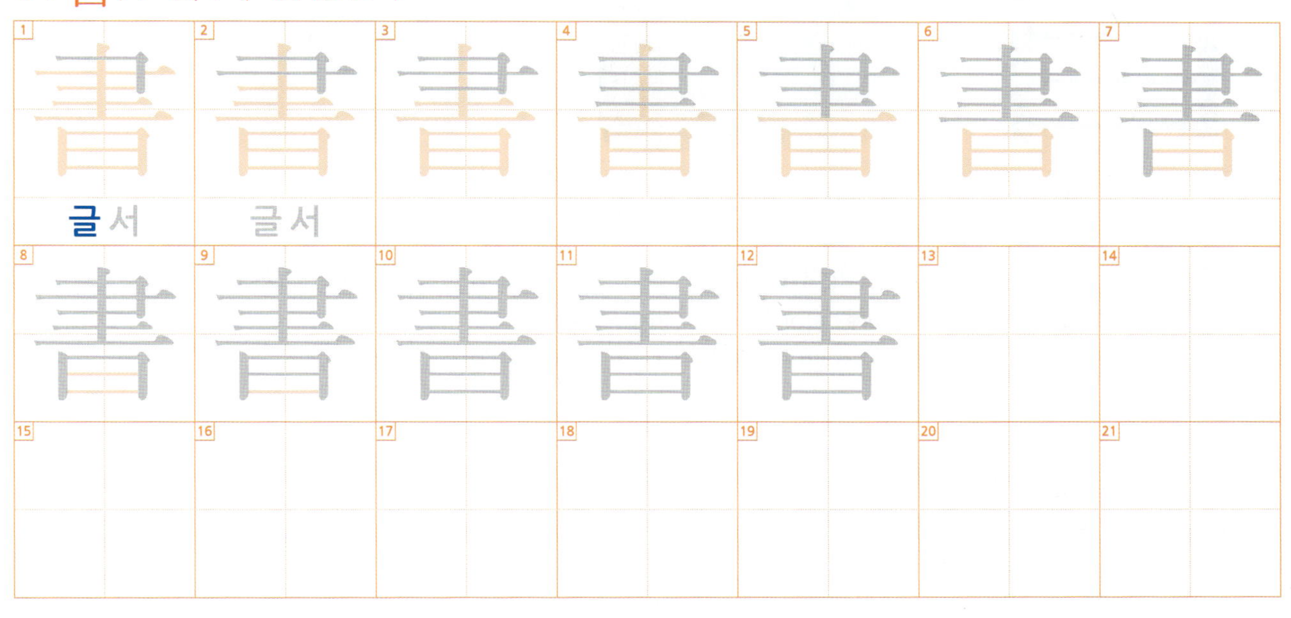

4 다음 문장 중 빈칸에 들어갈 알맞은 단어를 골라 보세요. ······························ [   ]

> 다른 사람의 물건에 마음대로 (   )를 하면 안 돼.

① 엽서(葉書)　　② 교과서(教科書)　　③ 낙서(落書)　　④ 사서(司書)
　　잎 엽　　　　　　　과목 과　　　　　　떨어질 낙　　　　　맡을 사

5 다음 낱말 중 **書 글 서** 한자가 쓰인 단어는 무엇인지 2개 골라 ○표를 해 보세요.

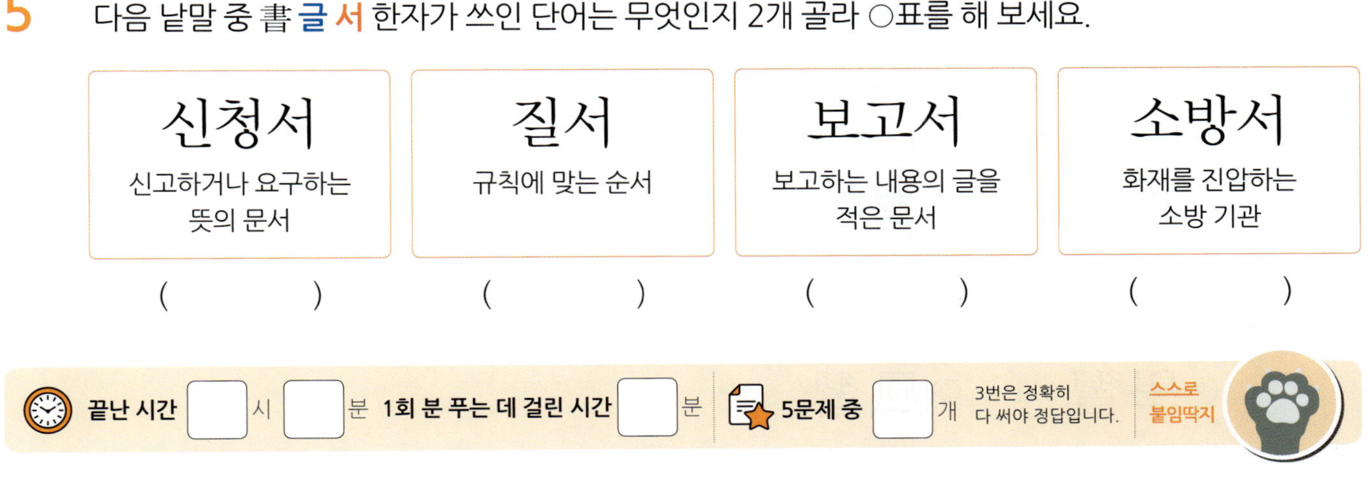

끝난 시간 [   ]시 [   ]분　1회 분 푸는 데 걸린 시간 [   ]분　5문제 중 [   ]개　3번은 정확히 다 써야 정답입니다.　스스로 붙임딱지

習

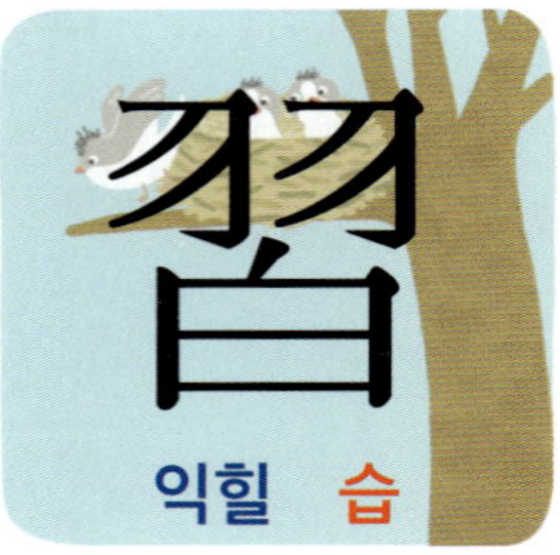

뜻(훈)　익힐
소리(음)　습

[영어] exercise 연습

[**익힐 습**은 **새가 날갯짓을 익히는 모습**을 나타낸 한자입니다.]

습이라고 읽으며 익히다, 연습하다 등의 뜻이 있습니다.

[예문] 피아노 연습은 정말 즐거워!
　　= 피아노를 반복해서 익히는 것은 정말 즐거워!

📖 교과어휘

① **연습**(練 習) 학문이나 기술 등을 되풀이하여 익힘 [국어 1-1(가)]
　익힐 연 익힐 습

② **학습**(學 習) 지식이나 기술을 배워 익힘 [국어 1-1(가)]
　배울 학 익힐 습

③ **학습지**(學 習 紙) 가정에서 공부할 수 있게 낱장으로 된 문제지 [사회 4-1]
　배울 학 익힐 습 종이 지

④ **습관**(習 慣) 오래 되풀이하여 굳어져버린 행동이나 말 [국어 2-2(나)]
　익힐 습 익숙할 관

⑤ **예습**(豫 習) 배울 것을 미리 익힘
　미리 예 익힐 습

⑥ **복습**(復 習) 이미 배운 것을 다시 익힘
　회복할 복 익힐 습

⑦ **자습**(自 習) 다른 사람의 가르침 없이 스스로 공부함 [국어활동 3-2]
　스스로 자 익힐 습

⑧ **풍습**(風 習) 옛날부터 전해오는 사회의 생활 습관이나 문화 [겨울 2-2]
　바람 풍 익힐 습

---

1 다음 한자의 뜻(훈)과 소리(음)를 써 보세요.

習　　뜻(훈): ________________　　소리(음): ________________

2 다음 뜻에 알맞은 단어를 골라 빈칸에 한글로 써 보세요.

[1] 다른 사람의 가르침 없이 스스로 공부함

① 自習　　② 習慣
　　　　　　익숙할 관

[2] 지식이나 기술을 배워 익힘

① 學習　　② 風習

3 다음 **익힐 습** 한자를 순서대로 써 보세요.

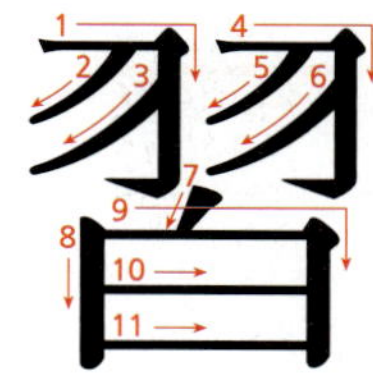

부수 羽(깃우, 6획) 획수 총 11획

1 익힐 습	2 익힐 습	3	4	5	6	7
8	9	10	11	12	13	14
15	16	17	18	19	20	21

4 다음 문장 중 빈칸에 들어갈 알맞은 단어를 골라 보세요. ································· [   ]

(   )이란 새로 배운 것이나 이미 했던 공부를 다시 익히는 것을 말해.

① 예습(豫習)
미리 예

② 복습(復習)
회복할 복

③ 풍습(風習)

5 다음 낱말 중 習 **익힐 습** 한자가 쓰인 단어는 무엇인지 2개 골라 ○표를 해 보세요.

연습	습기	학습지	기습
학문이나 기술 등을 되풀이하여 익힘	물기가 있어 축축한 기운	가정에서 공부할 수 있게 낱장으로 된 문제지	남을 몰래 갑자기 공격함
( )	( )	( )	( )

끝난 시간 [ ]시 [ ]분 **1회 분 푸는 데 걸린 시간** [ ]분 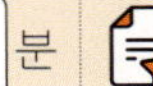 **5문제 중** [ ]개 3번은 정확히 다 써야 정답입니다. 스스로 붙임딱지 

5주차 복습해보기 한 주 동안 익혔던 한자들을 한 번 더 공부해 볼까요? 

● 다음 설명에 맞는 한자에 동그라미 쳐보세요.

예시  一 과 **음(音)**이 같은 한자 

1 新 과 **음(音)**이 같은 한자 

2 書 와 **뜻**이 같은 한자 

3 聞 과 **음(音)**이 같은 한자 

6주차

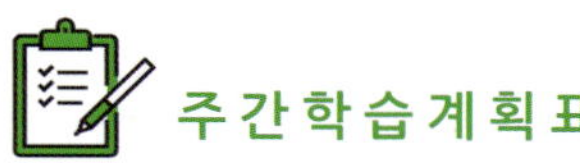 주간학습계획표

회차	학습내용	학습계획일
26회	戰 싸움 전	월 일
27회	勝 이길 승	월 일
28회	利 이로울 리(이)	월 일
29회	特 특별할 특	월 일
30회	別 다를 별	월 일

공부한 날 [ ]월 [ ]일
시작 시간 [ ]시 [ ]분

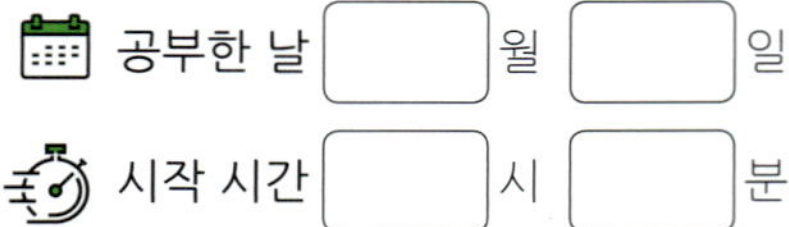

戰

뜻(훈) **싸움**
소리(음) **전**

영어 **battle 싸움**

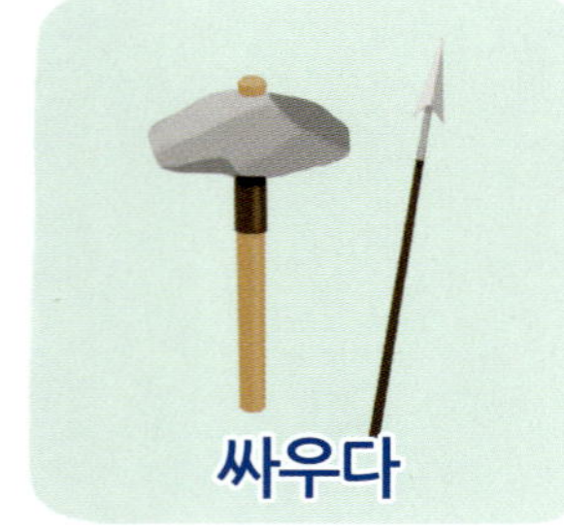

[**싸움 전**은 **사냥할 때 무기로 사용하던 창과 같은 도구의 모습**을 나타낸 한자입니다.]

전이라고 읽으며 싸움, 전쟁, 시합 등의 뜻이 있습니다.

예문 전쟁은 정말 끔찍해!
= 나라끼리 하는 싸움은 정말 끔찍해!

교과어휘

① **도전**(挑 **戰**) 어려운 것에 맞섬 국어활동 2-1
   돋울 도 싸움 전
② **전쟁**(**戰** 爭) 나라나 단체가 서로 무력으로 하는 싸움 겨울 1-2
   싸움 전 다툴 쟁
③ **작전**(作 **戰**) 어떤 목표를 이루기 위해 세우는 방법 국어 4-2(가)
   지을 작 싸움 전
④ **예선전**(豫 選 **戰**) 본 경기에 나갈 선수들을 뽑는 경기
   미리 예 가릴 선 싸움 전
⑤ **결승전**(決 勝 **戰**) 마지막으로 승자를 정하는 경기 국어 4-2(가)
   결단할 결 이길 승 싸움 전
⑥ **전사**(**戰** 士) 전쟁하는 군사
   싸움 전 선비 사
⑦ **전투**(**戰** 鬪) 양 측이 서로 치고 맞서는 싸움 국어 5-1(가)
   싸움 전 싸울 투

---

1 다음 한자의 뜻(훈)과 소리(음)를 써 보세요.

戰   뜻(훈): ________________   소리(음): ________________

2 다음 뜻에 알맞은 단어를 골라 빈칸에 한글로 써 보세요.

[1] 전쟁하는 군사

① 戰士   ② 戰鬪
  선비 사   싸울 투

[2] 나라 단체가 서로 무력으로 하는 싸움

① 挑戰   ② 戰爭
  돋울 도   다툴 쟁

3 다음 **싸움 전** 한자를 순서대로 써 보세요.

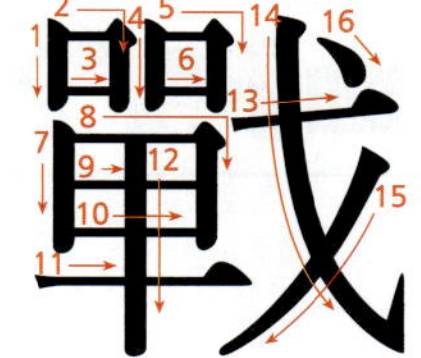

부수 **戈**(창과, 4획) 획수 총 16획

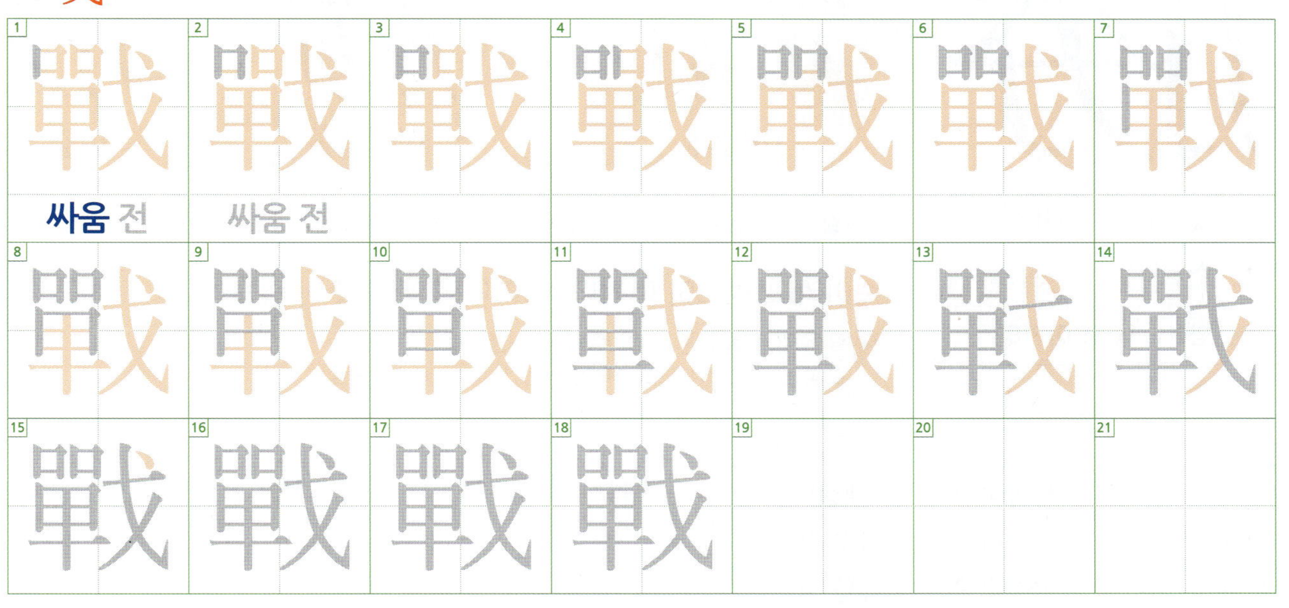

싸움 전	싸움 전

4 다음 문장 중 밑줄 친 부분을 한자어로 써 보세요.

> 미로 속에 갇힌 아들과 아버지가 미로를 탈출하기 위한 **목표를 이루기 위해 세운 방법**은 새의 깃털과 밀랍으로 날개를 만드는 것이었습니다. 아들은 잘 날 수 있다며 아버지의 설명을 제대로 듣지 않고 높이 날아올랐고, 결국 햇빛에 밀랍이 녹아버렸습니다. 이 이야기를 통해 자만하면 안 된다는 교훈을 얻을 수 있습니다.

목표를 이루기 위해 세운 방법 =

5 다음 낱말 중 戰 **싸움 전** 한자가 쓰인 단어는 무엇인지 2개 골라 ○표를 해 보세요.

오전	예선전	결승전	완전
아침부터 낮 12시까지의 동안	본 경기에 나갈 선수들을 뽑는 경기	마지막으로 승자를 정하는 경기	모두 갖추어 부족하지 않음
( )	( )	( )	( )

끝난 시간 ☐ 시 ☐ 분 1회 분 푸는 데 걸린 시간 ☐ 분 5문제 중 ☐ 개 3번은 정확히 다 써야 정답입니다. 스스로 붙임딱지

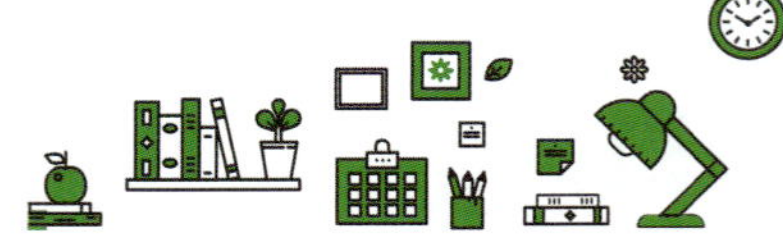

6주 27회

공부한 날 [ ]월 [ ]일
시작 시간 [ ]시 [ ]분

勝
이길 승

뜻(훈)	이길
소리(음)	승
영어	win 이기다

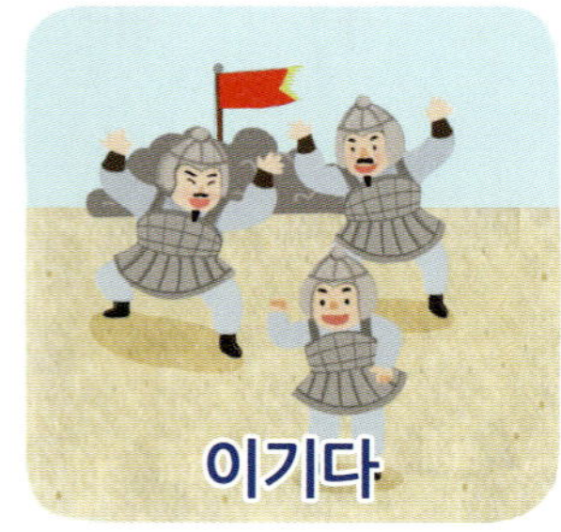

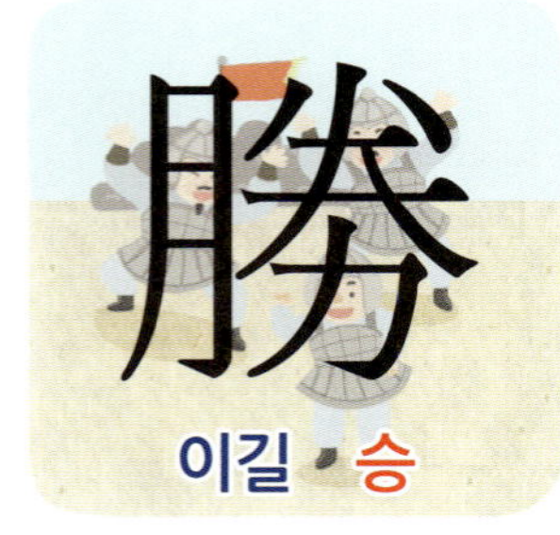

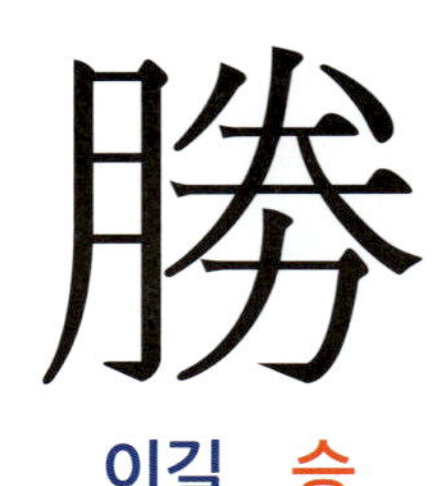

[이길 승은 **힘을 발휘하여 싸움에서 이기는 모습**을 나타낸 한자입니다.]

승이라고 읽으며 이기다, 뛰어나다 등의 뜻이 있습니다.

예문 올해 운동회는 우리 반이 우승했다.
= 올해 운동회는 우리 반이 경기에서 일등을 했다.

교과어휘

① **승리**(勝 利) 시합이나 전투, 대결에서 겨루어 이김 사회 3-1
이길 승 이로울 리

② **우승**(優 勝) 경기나 대결에서 이겨서 첫째가 됨 국어활동 3-1
넉넉할 우 이길 승

③ **결승**(決 勝) 마지막으로 승자를 정함
결단할 결 이길 승

④ **결승선**(決 勝 線) 달리기 경기의 마지막 도착 지점 국어 2-1(나)
결단할 결 이길 승 줄 선

⑤ **승자**(勝 者) 이긴 사람
이길 승 놈 자

⑥ **백전백승**(百 戰 百 勝) 백 번 싸워서 백 번 이긴다는 뜻으로 싸울 때마다 모두 이김을 뜻함
일백 백 싸울 전 일백 백 이길 승

⑦ **승패**(勝 敗) 이기고 짐
이길 승 패할 패

1 다음 한자의 뜻(훈)과 소리(음)를 써 보세요.

勝 뜻(훈): ________ 소리(음): ________

2 다음 뜻에 알맞은 단어를 골라 빈칸에 한글로 써 보세요.

[1] 이기고 짐

① 勝敗 (패할 패) ② 勝利 (이로울 리)

[2] 이긴 사람

① 決勝 (결단할 결) ② 勝者

3 다음 **이길 승** 한자를 순서대로 써 보세요.

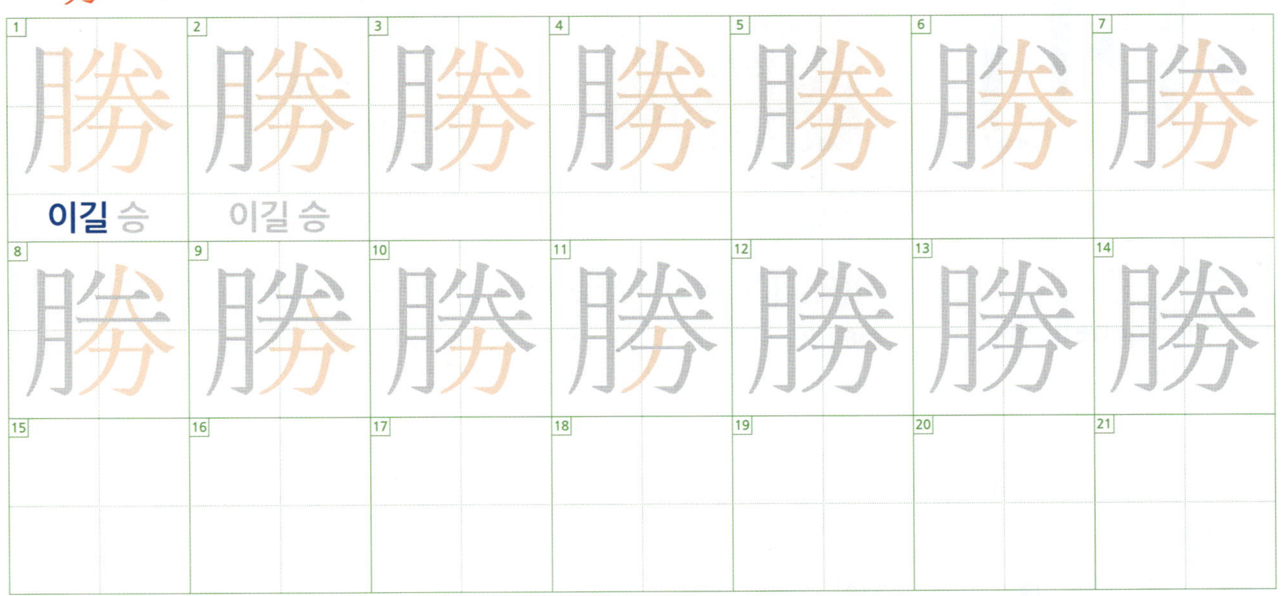

부수 **力**(힘력, 2획) 획수 총 12획

1	2	3	4	5	6	7
勝	勝	勝	勝	勝	勝	勝
이길 승	이길 승					

8	9	10	11	12	13	14
勝	勝	勝	勝	勝	勝	勝

15	16	17	18	19	20	21

4 다음 문장 중 밑줄 친 부분을 한자어로 써 보세요.

> 이순신 장군은 매번 왜군과의 **전투에서 겨루어 이겼**는데, 그 중 가장 유명한 전투는 명량대첩입니다. 당시 이순신 장군은 거센 파도를 이용하여 단 12척의 배로 왜군을 물리쳤습니다. "죽고자 하면 살고, 살고자 하면 죽는다!"는 마음으로 싸운 이순신 장군은 조선 최고의 장군입니다.

전투에서 겨루어 이김   =   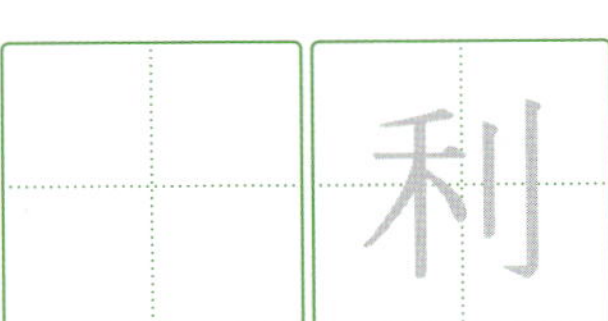

5 다음 낱말 중 勝 **이길 승** 한자가 쓰인 단어는 무엇인지 2개 골라 ○표를 해 보세요.

승려	백전백승	정승	결승선
출가하여 불교에 몸담고 수련하는 사람	백 번 싸워서 백 번 이김	조선시대의 영의정, 우의정, 좌의정	달리기 경기의 마지막 도착 지점
( )	( )	( )	( )

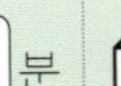 끝난 시간 ☐시 ☐분 **1회 분 푸는 데 걸린 시간** ☐분 **5문제 중** ☐개 3번은 정확히 다 써야 정답입니다. 스스로 붙임딱지 

利

뜻(훈)	이로울
소리(음)	리(이)
영어	benefit 이득

[**이로울 리(이)**는 **벼를 칼로 베는 모습**을 나타낸 한자입니다.]

리(이)라고 읽으며 이익이 된다, 날카롭다, 편하다 등의 뜻이 있습니다.

예문 오늘도 우리 반이 축구 시합에서 승리했어!
= 오늘도 우리 반이 축구 시합에서 이겼어!

📖 교과어휘

① **이득**(利 得) 이로움을 얻음 국어 5-1(가)
　　이로울 이 얻을 득
② **이익**(利 益) 정신적 혹은 물질적으로 보탬이 됨 사회 4-1
　　이로울 이 더할 익
③ **승리**(勝 利) 시합이나 대결에서 겨루어 이김 사회 3-1
　　이길 승 이로울 리
④ **유리**(有 利) 이익이 있음 국어 6-1(나)
　　있을 유 이로울 리
⑤ **이용**(利 用) 이로움을 얻기 위해 씀 국어 1·2(나)
　　이로울 이 쓸 용
⑥ **편리**(便 利) 이용하기 편함 국어 2-1(나)
　　편할 편 이로울 리
⑦ **권리**(權 利) 권력과 이익 국어활동 3-1
　　권세 권 이로울 리

---

1 다음 한자의 뜻(훈)과 소리(음)를 써 보세요.

利　　뜻(훈): ______________　　소리(음): ______________

2 다음 뜻에 알맞은 단어를 골라 빈칸에 한글로 써 보세요.

[1] 이로움을 얻기 위해 씀

① 利得　　② 利用
　얻을 득

[2] 이용하기 편함

① 便利　　② 利益
　　　　더할 익

3 다음 **이로울 리** 한자를 순서대로 써 보세요.

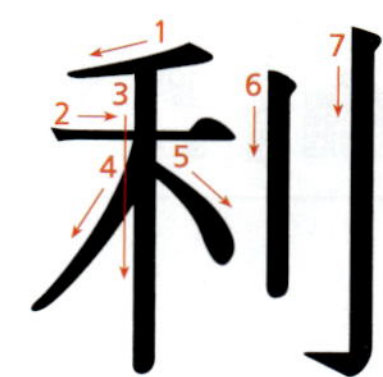

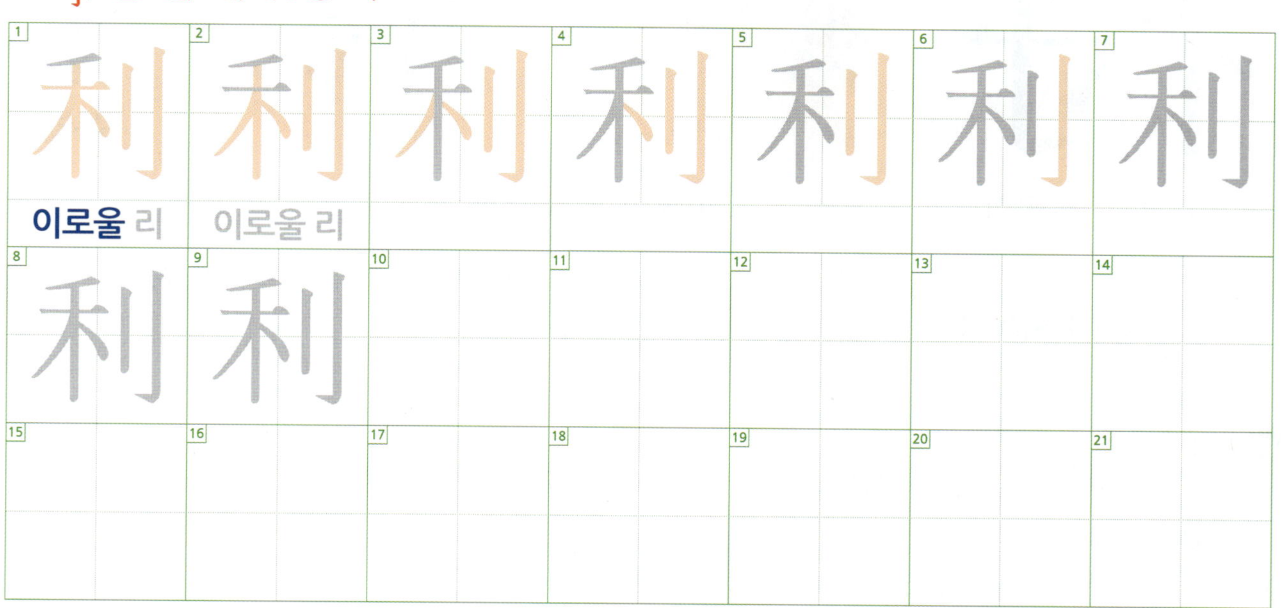

부수 刂(선칼도방, 2획) 획수 총 7획

1 利	2 利	3 利	4 利	5 利	6 利	7 利
이로울 리	이로울 리					
8 利	9 利	10	11	12	13	14
15	16	17	18	19	20	21

4 다음 문장 중 빈칸에 들어갈 알맞은 단어를 골라 보세요. ·························· [   ]

> 기린은 목이 길어서 높은 곳의 나뭇잎을 따먹기 (   )하다.

① 승리(勝利)   ② 유리(有利)   ③ 권리(權利)   ④ 이익(利益)
                                              권세 권   더할 익

5 다음 낱말 중 利 **이로울 리** 한자가 쓰인 단어는 무엇인지 2개 골라 ○표를 해 보세요.

권리	이득	이유	정리
권력과 이익	이로움을 얻음	어떤 일의 까닭	어지럽혀진 것을 가지런히 함
( )	( )	( )	( )

 끝난 시간 [   ]시 [   ]분 1회 분 푸는 데 걸린 시간 [   ]분  ★5문제 중 [   ]개 3번은 정확히 다 써야 정답입니다. 스스로 붙임딱지 

📅 공부한 날 　월　일
⏱ 시작 시간 　시　분

特

뜻(훈)　　특별할
소리(음)　　특
영어　special 특별하다

[**특별할 특**은 제사에 사용하던 큰 소의 모습을 나타낸 한자입니다.]

특이라고 읽으며 특별하다, 유달리, 특히 등의 뜻이 있습니다.

예문 이것은 내게 특별한 의미가 있는 팔찌야.
= 이것은 내게 다른 것들과 다른 의미가 있는 팔찌야.

📖 교과어휘

① **특별**(特　別) 다른 것들과 다름. 또는 다른 것들과 다르게 훨씬 뛰어남 국어 2-1(나)
　　　특별할 특 다를 별
② **특징**(特　徵) 다른 것과 구별되어 특별히 나타나는 점 국어 1-2(나)
　　　특별할 특 부를 징
③ **독특**(獨　特) 다른 것과 견줄 수 없을 정도로 다름 겨울 2-2
　　　홀로 독 특별할 특
④ **기특**(奇　特) 말이나 행동이 특히 대견하고 장함 국어 3-1(가)
　　　기특할 기 특별할 특
⑤ **특산물**(特　産　物) 그 지역에서 생산되는 특별하고 유명한 것 국어 3-2(나)
　　　특별할 특 낳을 산 물건 물
⑥ **특파원**(特　派　員) 외국에서 뉴스 보도 임무를 맡은 기자
　　　특별할 특 물갈래 파 인원 원
⑦ **특정**(特　定) 특별히 정함 국어 6-1(나)
　　　특별할 특 정할 정

1 다음 한자의 뜻(훈)과 소리(음)를 써 보세요.

特　　뜻(훈): ＿＿＿＿＿＿＿＿　　소리(음): ＿＿＿＿＿＿＿＿

2 다음 뜻에 알맞은 단어를 골라 빈칸에 한글로 써 보세요.

[1] 특별히 정함

①特定　　②特別
　　　　　　다를 별

[2] 그 지역에서 생산되는 특별하고 유명한 것

①特産物　　②特派員
　　낳을 산　　　물갈래 파 인원 원

3 다음 **특별할 특** 한자를 순서대로 써 보세요.

부수 **牛**(소우, 4획) 획수 총 10획

특별할 특   특별할 특

4 다음 문장 중 밑줄 친 글자에 알맞은 한자를 보기에서 찾아 써 보세요.

보 기
鏡　銀　特　待　才　材

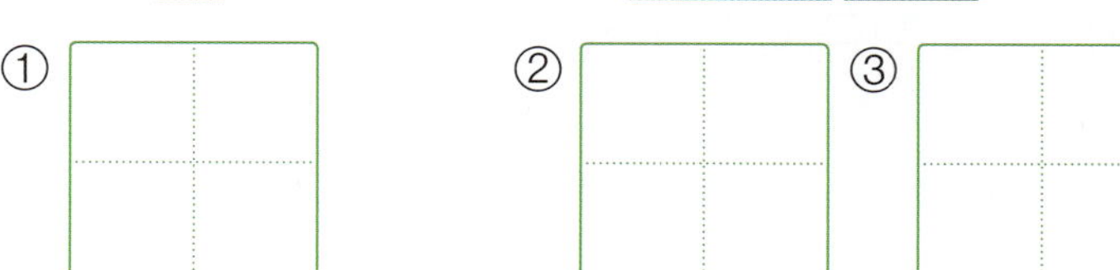

① ② ③

5 다음 낱말 중 特 **특별할 특** 한자가 쓰인 단어는 무엇인지 3개 골라 ○표를 해 보세요.

독특	기특	특징	흉특
다른 것과 견줄 수 없을 정도로 다름	말이나 행동이 특히 대견하고 장함	다른 것과 구별되어 특별히 나타나는 점	흉악하고 간사함
(　　　)	(　　　)	(　　　)	(　　　)

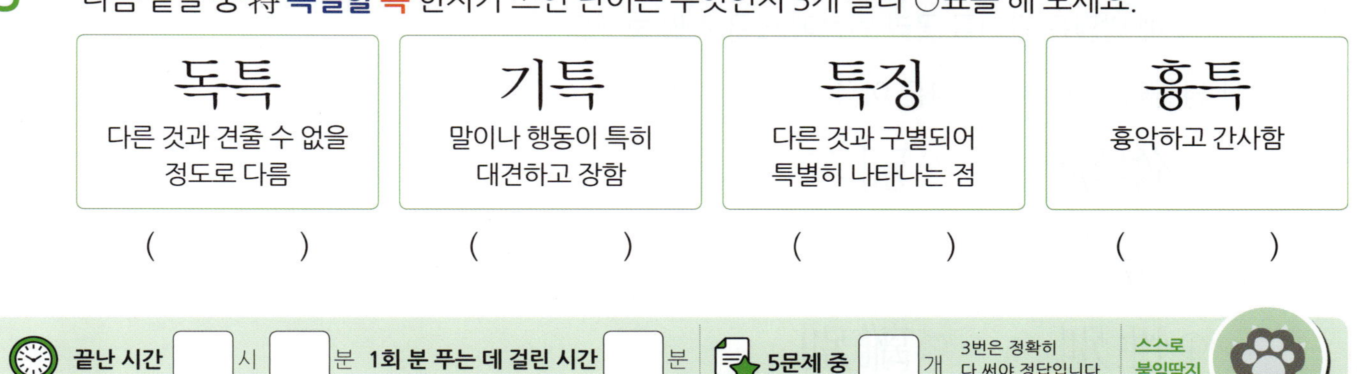

끝난 시간 ☐ 시 ☐ 분 **1회 분 푸는 데 걸린 시간** ☐ 분 5문제 중 ☐ 개 3번은 정확히 다 써야 정답입니다. 스스로 붙임딱지

📅 공부한 날 [　]월 [　]일
⏱ 시작 시간 [　]시 [　]분

別

뜻(훈) **다를**
소리(음) **별**

영어 **different 다르다**

[**다를 별**은 **살과 뼈를 나누는 모양**을 나타낸 한자입니다.]

별이라고 읽으며 다르다, 나누다, 헤어지다 등의 뜻이 있습니다.

예문 사람을 차별하는 것은 옳지 않아!
= 사람을 차이를 두어 구별하는 것은 옳지 않아!

📖 교과어휘

① **특별**(特　別) 다른 것들과 다름. 또는 다른 것들과 다르게 훨씬 뛰어남 국어 2-1(나)
　　특별할 특 다를 별
② **별명**(別　名) 남들이 지어 부르는 다른 이름 국어 2-1(나)
　　다를 별 이름 명
③ **성별**(性　別) 성의 구별 국어 2-2(가)
　　성품 성 다를 별
④ **작별**(作　別) 인사하고 헤어짐
　　지을 작 다를 별
⑤ **이별**(離　別) 떨어지거나 헤어짐
　　떠날 이 다를 별
⑥ **구별**(區　別) 여러 대상을 기준에 따라 나눔 국어 2-1(가)
　　구분할 구 다를 별
⑦ **차별**(差　別) 차이를 두어 구별함 국어활동 4-1
　　다를 차 다를 별

---

1 다음 한자의 뜻(훈)과 소리(음)를 써 보세요.

別　　뜻(훈): ＿＿＿＿＿＿＿＿＿　　소리(음): ＿＿＿＿＿＿＿＿＿

2 다음 뜻에 알맞은 단어를 골라 빈칸에 한글로 써 보세요.

[1] 남들이 지어 부르는 다른 이름

　①作別　　②別名

[2] 성의 구별

　①性別　　②離別
　성품 성　　떠날 이

3 다음 **다를 별** 한자를 순서대로 써 보세요.

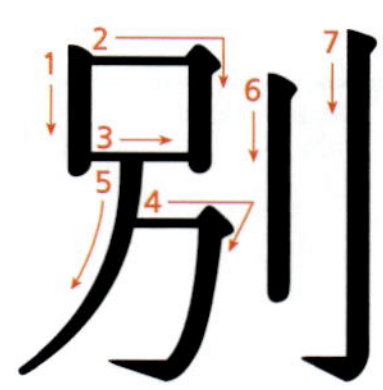

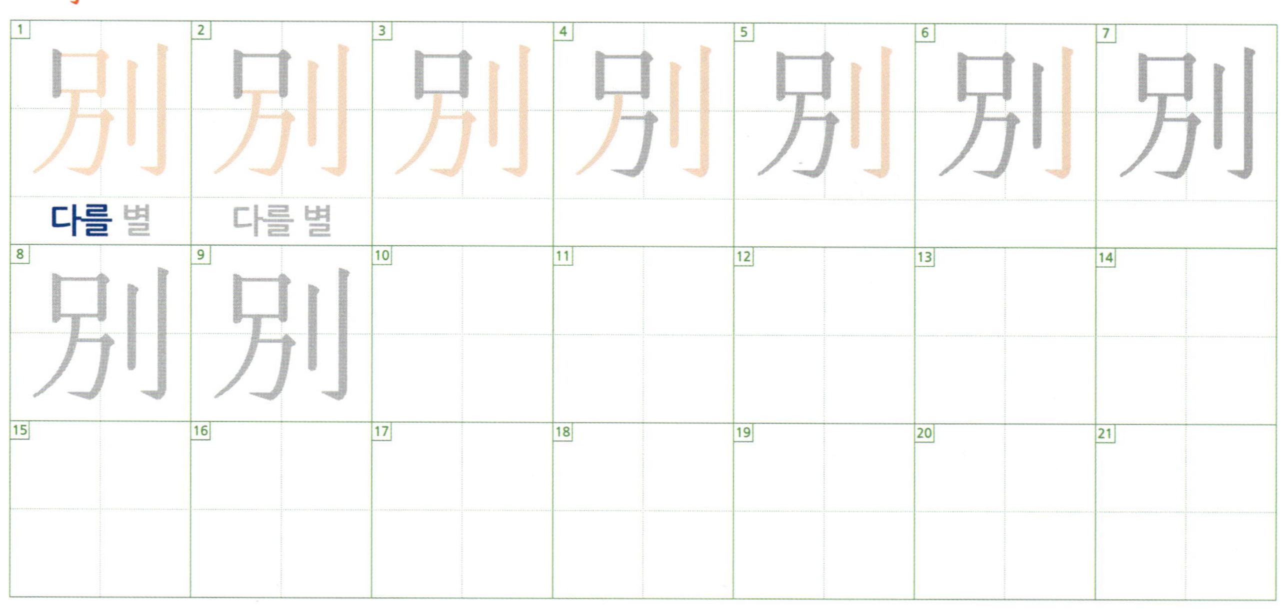

부수 刂(선칼도방, 2획) 획수 총 7획

1 別	2 別	3 別	4 別	5 別	6 別	7 別
다를 별	다를별					
8 別	9 別	10	11	12	13	14
15	16	17	18	19	20	21

4 아래 문장에 알맞은 한자를 골라 보세요.

[1] 견우와 직녀는 옥황상제의 명령으로 (離別 / 別名)했다.

[2] 나는 책 읽는 것을 좋아해서 책벌레라는 (離別 / 別名)이 있다.

5 다음 낱말 중 別 **다를 별** 한자가 쓰인 단어는 무엇인지 2개 골라 ○표를 해 보세요.

작별	별주부전	별안간	구별
인사하고 헤어짐	토끼와 자라에 관한 조선시대 한글 소설	갑자기 난데없이	여러 대상을 기준에 따라 나눔
( )	( )	( )	( )

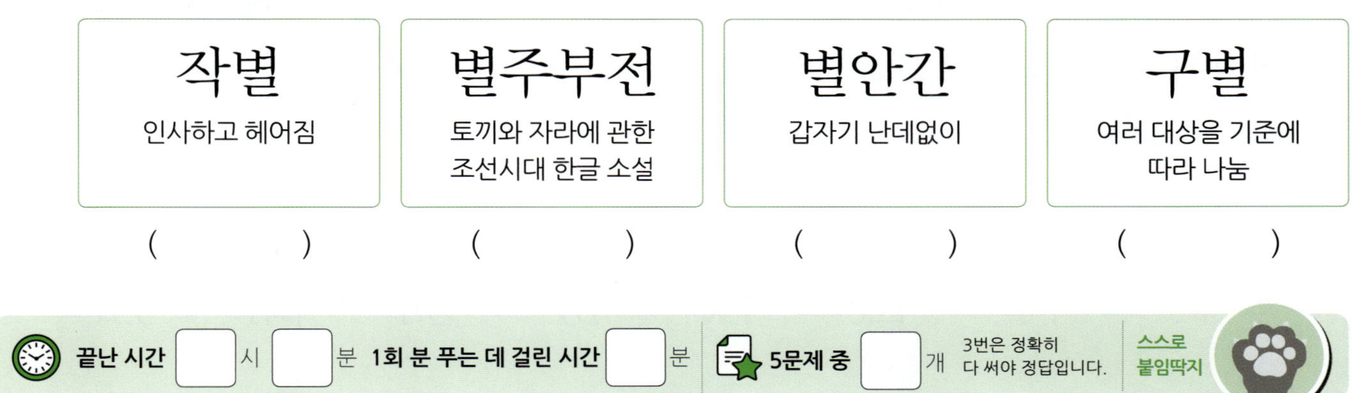

● 밑줄 친 글자의 한자를 찾아 번호를 써 보세요.

창과 방패

중국 어느 **마을**에 신기한 물건들을 많이 파는 한 장사꾼이 있었습니다.

장사꾼은 시장 한복판에서 큰 **소리**로 외쳤습니다.

"오늘도 **특별**한 물건들을 보여드리겠습니다! 바로 세상에서 제일 **강한**

창과 방패입니다! 이 창은 뚫지 못하는 것이 없습니다. **다른** 창들보다 훨씬 더 날카롭습니다.

또, 이 방패는 막지 못하는 창이 없습니다. 세상에서 가장 튼튼한 철로 만들었습니다.

싸움에서 **이기고** 싶으시다면 이 창과 방패를 사십시오!"

그때 가만히 **듣고** 있던 구경꾼 한 명이 장사꾼에게 물었습니다.

"그럼 그 창과 방패가 서로 **싸우면** 어떻게 됩니까?"

그러자 장사꾼은 얼굴이 빨개지며 할 말을 잃고 조용히 사라졌습니다.

보기

① 村 (마을 촌) ② 特 ③ 音 ④ 戰 ⑤ 勝 ⑥ 別 ⑦ 聞 ⑧ 強

7주차

 주간학습계획표

회차	학습내용		학습계획일
31회	和 화할 화		☐ 월 ☐ 일
32회	合 합할 합		☐ 월 ☐ 일
33회	愛 사랑 애		☐ 월 ☐ 일
34회	親 친할 친		☐ 월 ☐ 일
35회	族 겨레 족		☐ 월 ☐ 일

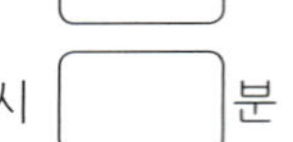

和

사이좋다

화할 화

화할 화

뜻(훈)　화할
소리(음)　화

영어 harmonious 조화롭다

[화할 화는 벼 화(禾)와 입 구(口)가 합쳐진 글자로, 수확한 벼를 여럿이 사이좋게 나누어 먹는 모습을 나타낸 한자입니다.]

화라고 읽으며 화목하다, 고르다, 사이좋다 등의 뜻이 있습니다.

예문 비가 그치고 화창해졌어.
　　= 비가 그치고 날씨가 맑고 좋아졌어.

교과어휘

① 조화(調 和) 서로 잘 어울리고 사이가 고름　국어 3-2(나)
　고를 조 화할 화
② 화해(和 解) 다툼을 그치고 서로 안 좋은 감정을 풀어버림　국어 1-2(가)
　화할 화 풀 해
③ 화음(和 音) 둘 이상의 음이 함께 어울려 나는 소리　국어활동 3-1
　화할 화 소리 음
④ 평화(平 和) 전쟁이나 다툼 없이 고요하고 편안함　국어활동 1-2
　평평할 평 화할 화
⑤ 화창(和 暢) 날씨가 맑고 좋음　국어 2-1(나)
　화할 화 화창할 창
⑥ 화목(和 睦) 서로 뜻이 맞고 정다움　국어 4-1(가)
　화할 화 화목할 목
⑦ 온화(溫 和) 날씨 또는 성품이 따뜻하고 부드러움　국어활동 3-2
　따뜻할 온 화할 화

---

1 다음 한자의 뜻(훈)과 소리(음)를 써 보세요.

和　뜻(훈): ＿＿＿＿＿＿＿＿　소리(음): ＿＿＿＿＿＿＿＿

2 다음 뜻에 알맞은 단어를 골라 빈칸에 한글로 써 보세요.

[1] 날씨 또는 성품이 따뜻하고 부드러움

① 調和　② 溫和
　고를 조

[2] 둘 이상의 음이 함께 어울려 나는 소리

① 平和　② 和音

3 다음 **화할 화** 한자를 순서대로 써 보세요.

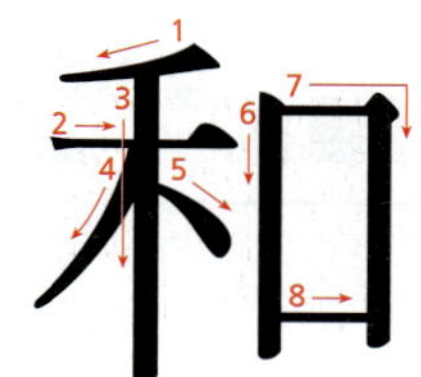

부수 口 (입구, 3획) 획수 총 8획

和	和	和	和	和	和	和
화할 화	화할 화					
和	和	和				

4 다음 문장 중 밑줄 친 한자의 음(音)을 써 보세요.

> 나와 언니는 매일 다투지만 금방 사과하고 <u>和解</u>한다.
>
> (   )

5 다음 낱말 중 和 **화할 화** 한자가 쓰인 단어는 무엇인지 2개 골라 ○표를 해 보세요.

화목	화장실	백화점	화창
서로 뜻이 맞고 정다움	대소변을 배설하고 손을 씻는 곳	여러 가지 상품을 파는 큰 규모의 상점	날씨가 맑고 좋음
( )	( )	( )	( )

끝난 시간 [ ]시 [ ]분 1회 분 푸는 데 걸린 시간 [ ]분 5문제 중 [ ]개 3번은 정확히 다 써야 정답입니다. 스스로 붙임딱지

공부한 날 [ ] 월 [ ] 일
시작 시간 [ ] 시 [ ] 분

合

합하다

합할 합

합할 합

뜻(훈) **합할**
소리(음) **합**

영어 **combine 합하다**

[**합할 합**은 **그릇과 뚜껑을 결합하는 모습**을 나타낸 한자입니다.]

합이라고 읽으며 합하다, 일치하다, 모이다 등의 뜻이 있습니다.

예문 태권도 승급 시험에 합격했어!
= 태권도 승급 시험에 붙었어!

📖 교과어휘

① **시합**(試 合) 경기나 대회에서 재주를 겨루어 승패를 가름 국어 2-1(가)
　　시험 시 합할 합

② **합격**(合 格) 시험이나 검사 등에 붙거나 뽑힘 사회 3-1
　　합할 합 격식 격

③ **합창**(合 唱) 여러 사람들이 여러 음을 함께 부름 국어 3-1(나)
　　합할 합 부를 창

④ **합주**(合 奏) 여러 개의 악기를 함께 연주함 국어활동 4-1
　　합할 합 아뢸 주

⑤ **종합**(綜 合) 관련이 있는 개별적인 것들을 한데 모아 합함 국어활동 3-2
　　모을 종 합할 합

⑥ **적합**(適 合) 어떤 조건이나 정도 등에 꼭 맞음 국어 3-2(가)
　　맞을 적 합할 합

⑦ **국제연합**(國 際 聯 合) UN. 평화와 안전 등을 위해 세계 여러 나라들이 모인 기구 국어 3-2(나)
　　나라 국 즈음 제 연이을 연 합할 합

---

1 다음 한자의 뜻(훈)과 소리(음)를 써 보세요.

合　　뜻(훈): ＿＿＿＿＿＿＿＿＿　　소리(음): ＿＿＿＿＿＿＿＿＿

2 다음 뜻에 알맞은 단어를 골라 빈칸에 한글로 써 보세요.

[1] 여러 개의 악기를 함께 연주함

① 試 合　　② 合 奏
　시험 시　　　　아뢸 주

[2] 어떤 조건이나 정도 등에 꼭 맞음

① 適 合　　② 綜 合
　맞을 적　　　　모을 종

3 다음 **합할 합** 한자를 순서대로 써 보세요.

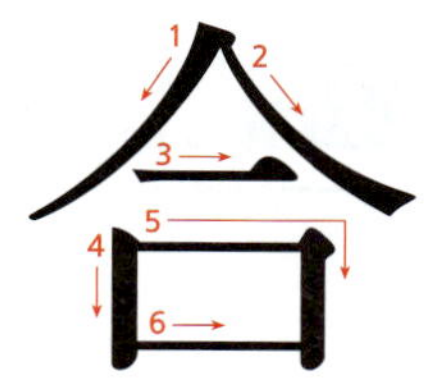

부수 口 (입구, 3획) 획수 총 6획

1 合 **합할** 합	2 合 합할 합	3 合	4 合	5 合	6 合	7 合
8 合	9	10	11	12	13	14
15	16	17	18	19	20	21

4 다음 문장 중 빈칸에 들어갈 알맞은 단어를 골라 보세요. ···································· [   ]

> 음악 시간에 친구들과 함께 노래를 (   )했다.

① 합창(合唱)   ② 합격(合格)   ③ 종합(綜合)
부를 창   격식 격   모을 종

5 다음 낱말 중 合 **합할 합** 한자가 쓰인 단어는 무엇인지 2개 골라 ○표를 해 보세요.

국제연합	홍합	대합	시합
UN. 평화와 안전 등을 위해 세계 여러 나라들이 모인 기구	까만 껍데기 안에 주황색 살이 있는 조개	대합과에 속하는 삼각형 모양의 조개	경기나 대회에서 재주를 겨루어 승패를 가름
( )	( )	( )	( )

끝난 시간 [ ]시 [ ]분 **1회 분 푸는 데 걸린 시간** [ ]분   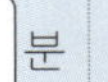 **5문제 중** [ ]개   3번은 정확히 다 써야 정답입니다.   스스로 붙임딱지 

공부한 날 □월 □일
시작 시간 □시 □분

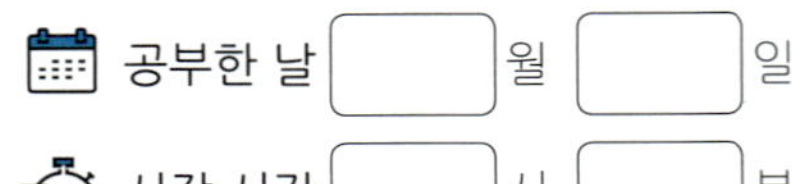

愛

뜻(훈)　사랑
소리(음)　애
영어　love 사랑

[**사랑 애**는 **좋아하는 사람에게 마음을 전하는 모습**을 나타낸 한자입니다.]

애라고 읽으며 사랑하다, 소중히 하다 등의 뜻이 있습니다.

예문 태극기를 바라보며 애국가를 불렀다.
　= 태극기를 바라보며 나라사랑이 담긴 노래를 불렀다.

📖 교과어휘

① **애**국가(愛 國 歌) 나라를 사랑하는 마음을 일깨우기 위해 온 국민이 부르는 노래　겨울 1-2
　　사랑 애 나라 국 노래 가
② **애**교(愛 嬌) 사랑스럽거나 귀엽게 보이려고 하는 말 또는 행동　국어활동 4-2
　　사랑 애 아리따울 교
③ 우**애**(友 愛) 친구나 형제 사이의 정과 사랑
　　벗 우 사랑 애
④ **애**국심(愛 國 心) 나라를 사랑하는 마음
　　사랑 애 나라 국 마음 심
⑤ **애**정(愛 情) 사랑하는 마음과 정　국어활동 4-1
　　사랑 애 뜻 정
⑥ **애**창곡(愛 唱 曲) 가장 좋아하고 즐겨 부르는 노래
　　사랑 애 부를 창 굽을 곡
⑦ **애**민정신(愛 民 精 神) 백성을 사랑하는 마음　국어활동 4-1
　　사랑 애 백성 민 정할 정 귀신 신

1 다음 한자의 뜻(훈)과 소리(음)를 써 보세요.

愛　　뜻(훈): ＿＿＿＿＿＿＿＿　　소리(음): ＿＿＿＿＿＿＿＿

2 다음 뜻에 알맞은 단어를 골라 빈칸에 한글로 써 보세요.

[1] 친구나 형제 사이의 정과 사랑

①愛情　　②友愛
　뜻 정　　　벗 우

[2] 나라를 사랑하는 마음

①愛國心　　②愛唱曲
　　　　　　　부를 창 굽을 곡

3 다음 **사랑 애** 한자를 순서대로 써 보세요.

부수 **心**(마음심, 4획) 획수 총 13획

1	2	3	4	5	6	7
사랑 애	사랑 애					

8	9	10	11	12	13	14

15	16	17	18	19	20	21

4 다음 문장 중 빈칸에 들어갈 알맞은 단어를 골라 보세요. ⋯⋯⋯⋯⋯⋯⋯⋯⋯⋯ [   ]

> 왕이 백성을 사랑하는 마음을 (   )(이)라고 합니다. 이 마음을 바탕으로 태종은 백성들의 억울함을 풀어주기 위하여 신문고를 설치했고, 세종대왕은 글을 못읽고 못쓰는 백성들을 위해 한글을 만들었습니다.

① 애국가(愛國歌)   ② 애창곡(愛唱曲)   ③ 애민정신(愛民精神)
                        부를창 굽을곡   정할정

5 다음 낱말 중 愛 **사랑 애** 한자가 쓰인 단어는 무엇인지 2개 골라 ○표를 해 보세요.

애정	애걸복걸	생애	애교
사랑하는 마음과 정	애처롭게 사정하며 빎	살아가는 일생 동안	사랑스럽게 보이려고 하는 말 또는 행동
( )	( )	( )	( )

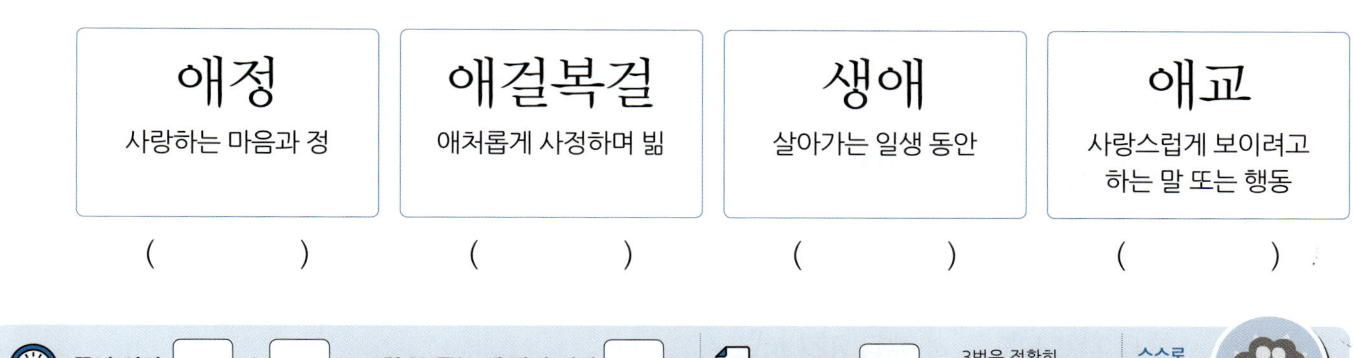

끝난 시간 ☐ 시 ☐ 분 **1회 분 푸는 데 걸린 시간** ☐ 분   **5문제 중** ☐ 개   3번은 정확히 다 써야 정답입니다.   스스로 붙임딱지

공부한 날 [　]월 [　]일
시작 시간 [　]시 [　]분

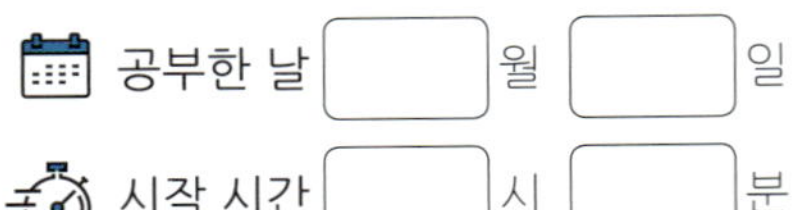

親

뜻(훈)　친할
소리(음)　친
영어　close 가깝다

[**친할 친**은 **아주 가까운 사람을 바라보고 있는 모습**을 나타낸 한자입니다.]

친이라고 읽으며 친하다, 가깝다, 화목하다 등의 뜻이 있습니다.

예문 재민이는 **친구**가 많다.
= 재민이는 **가깝고 친하게 지내는 사람**이 많다.

📖 교과어휘

① **친구**(親 舊) 오랫동안 가깝고 친하게 지내는 사람　국어 1-1(가)
　　친할 친 예 구

② **친절**(親 切) 정답고 친근하게 대하는 태도　가을 1-2
　　친할 친 끊을 절

③ **친척**(親 戚) 혼인이나 혈연적 관계로 이어진 사람들　국어 1-2(나)
　　친할 친 친척 척

④ **친환경**(親 環 境) 환경에 나쁜 영향을 끼치지 않음　국어활동 3-2
　　친할 친 고리 환 지경 경

⑤ **친정**(親 庭) 결혼한 여자의 본집　국어활동 4-2
　　친할 친 뜰 정

⑥ **친근**(親 近) 사이가 가깝고 친함　국어 3-1(가)
　　친할 친 가까울 근

⑦ **친밀감**(親 密 感) 사이가 친하고 가까운 느낌　사회 3-1
　　친할 친 빽빽할 밀 느낄 감

---

1 다음 한자의 뜻(훈)과 소리(음)를 써 보세요.

親　　뜻(훈): ____________________　　소리(음): ____________________

2 다음 뜻에 알맞은 단어를 골라 빈칸에 한글로 써 보세요.

[1] 사이가 가깝고 친함

①親近　　②親庭

[2] 사이가 친하고 가까운 느낌

①親環境　　②親蜜感
　고리 환 지경 경　빽빽할 밀

3 다음 **친할 친** 한자를 순서대로 써 보세요.

부수 **見**(볼견, 7획) 획수 총 16획

親	親	親	親	親	親	親
親	親	親	親	親	親	親
親	親	親	親			

친할 친

4 다음 문장 중 빈칸에 들어갈 알맞은 단어를 골라 보세요. ·················· [　　　　]

> 동생이 내게 나눗셈 문제를 질문해서 (　　　　)하게 알려주었다.

① 친환경(**親環境**)　② 친구(**親舊**)　③ 친밀감(**親密感**)　④ 친절(**親切**)
　　고리 환　지경 경　　　　예 구　　　　　빽빽할 밀　　　　　끊을 절

5 다음 낱말 중 親 **친할 친** 한자가 쓰인 단어는 무엇인지 3개 골라 ○표를 해 보세요.

친칠라	친정	친척	친환경
몸이 동그랗고 털이 많은 쥐의 한 종류	결혼한 여자의 본집	혼인이나 혈연적 관계로 이어진 사람들	환경에 나쁜 영향을 끼치지 않음
(　　)	(　　)	(　　)	(　　)

 끝난 시간 [　]시 [　]분 **1회 분 푸는 데 걸린 시간** [　]분  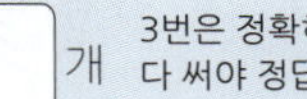 **5문제 중** [　]개  3번은 정확히 다 써야 정답입니다. 스스로 붙임딱지 

공부한 날 [ ]월 [ ]일
시작 시간 [ ]시 [ ]분

族

뜻(훈) 겨레
소리(음) 족

영어 ethnic group 민족

[겨레 **족**은 **깃발 아래 모인 같은 부족**을 나타낸 한자입니다.]

족이라고 읽으며 겨레(민족), 무리 등의 뜻이 있습니다.

예문 수족관에서 물고기를 구경했어.
= 물고기와 물 속 생물들을 모아 놓은 곳에서 물고기를 구경했어.

📖 교과어휘

① **민족**(民 族) 역사적으로 함께 생활해왔으며 공통된 언어와 문화를 공유하는 집단 〔겨울 1-2〕
　백성 민 겨레 족
② **한민족**(韓 民 族) 예전부터 한반도에서 살아온 우리 민족 〔겨울 1-2〕
　한국 한 백성 민 겨레 족
③ **가족**(家 族) 혼인, 혈연, 입양 등으로 이루어진 가정 또는 그 구성원 〔국어 1-1(가)〕
　집 가 겨레 족
④ **왕족**(王 族) 왕의 가족 〔국어 4-1(나)〕
　임금 왕 겨레 족
⑤ **귀족**(貴 族) 과거에 있었던 계층으로 높은 신분의 사람이나 집안 〔사회 3-1〕
　귀할 귀 겨레 족
⑥ **부족**(部 族) 원시 사회에서 같은 문화를 공유하며 한 지역에서 함께 살아가는 무리
　떼 부 겨레 족
⑦ **수족관**(水 族 館) 물 속 생물들을 모아 기르며 사람들이 관람할 수 있도록 한 곳 〔사회 3-1〕
　물 수 겨레 족 집 관

---

1 다음 한자의 뜻(훈)과 소리(음)를 써 보세요.

族　　뜻(훈): ＿＿＿＿＿＿＿＿＿　　소리(음): ＿＿＿＿＿＿＿＿＿

2 다음 뜻에 알맞은 단어를 골라 빈칸에 한글로 써 보세요.

[1] 역사적으로 함께 생활해온 집단

① 民族　　② 貴族
　　　　　　귀할 귀

[2] 혼인 등으로 이루어진 가정 또는 그 구성원

① 部族　　② 家族

3 다음 **겨레 족** 한자를 순서대로 써 보세요.

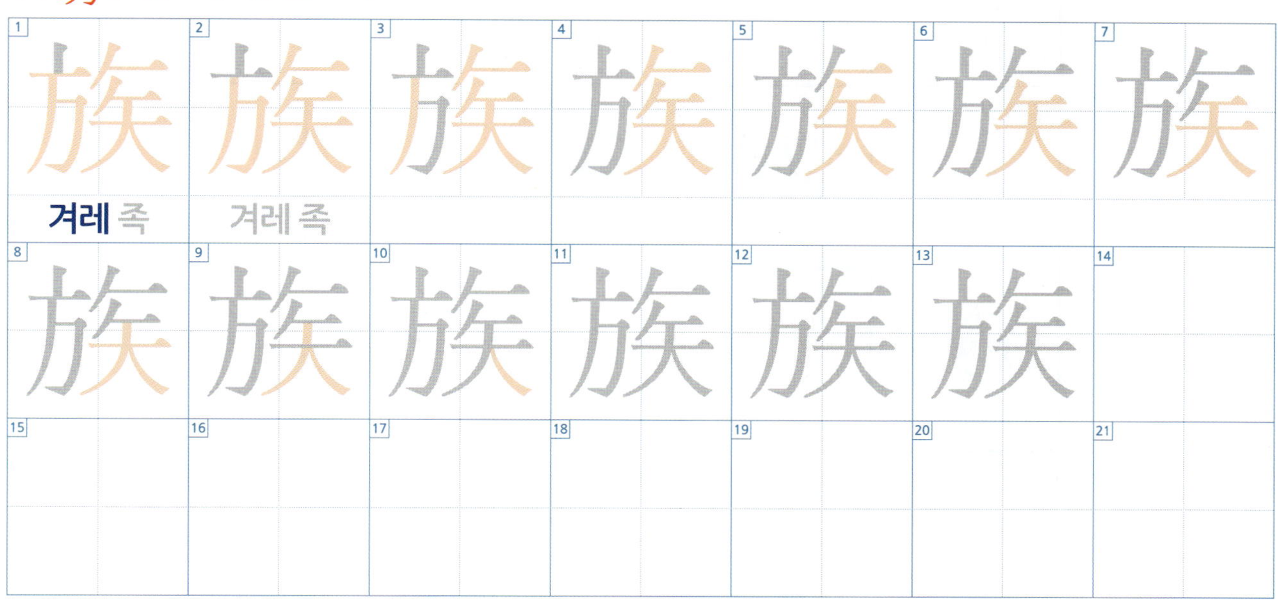

부수 方(모방, 4획) 획수 총 11획

1	2	3	4	5	6	7
族	族	族	族	族	族	族
겨레 족	겨레 족					

8	9	10	11	12	13	14
族	族	族	族	族	族	

15	16	17	18	19	20	21

4 다음 문장 중 빈칸에 들어갈 알맞은 단어를 골라 보세요. ·································· [　　　]

> 옛날에는 (　　　　), 귀족, 평민처럼 사람들의 신분이 정해져 있었다.

① 부족(部族)　　　　② 왕족(王族)　　　　③ 한민족(韓民族)

5 다음 낱말 중 族 **겨레 족** 한자가 쓰인 단어는 무엇인지 2개 골라 ○표를 해 보세요.

귀족	만족	부족	수족관
과거에 있었던 계층으로 높은 신분의 사람이나 집안	모자람이 없이 아주 흐뭇한 마음	일정한 정도에 이르지 못하여 마음에 차지 않음	물 속 생물들을 모아 기르며 사람들이 관람할 수 있도록 한 곳
(　　)	(　　)	(　　)	(　　)

끝난 시간 [　]시 [　]분　1회 분 푸는 데 걸린 시간 [　]분　5문제 중 [　]개　3번은 정확히 다 써야 정답입니다.　스스로 붙임딱지

● 설명에 맞는 한자어를 빈칸에 한글로 써 보세요.

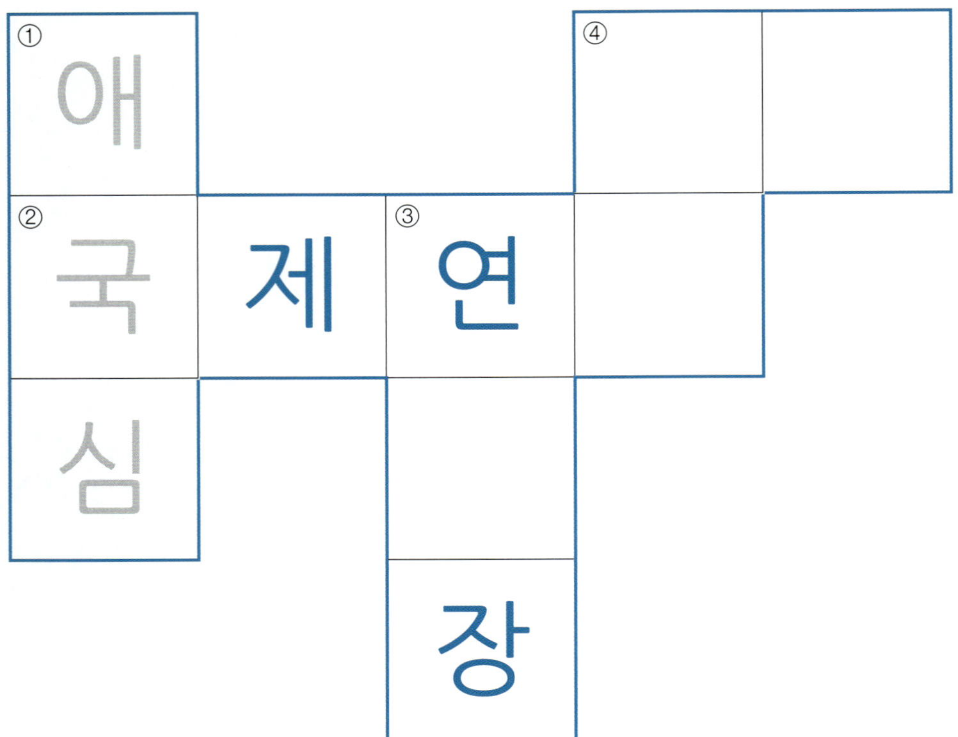

가로

② 國 際 聯 合
즈음 **제** 연이을 **연**

UN. 평화와 안전 등을 위해 세계 여러 나라들이 모인 기구

④ 和 親

나라와 나라가 사이좋게 지냄

세로

① 愛 國 心

나라를 사랑하는 마음

③ 練 習 帳
익힐 **연** 장막 **장**

연습할 때 쓰는 공책

④ 和 合

화목하여 잘 어우러짐

8주차

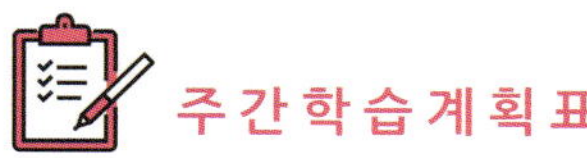 주간학습계획표

회차	학습내용		학습계획일	
36회	禮 예도 례(예)		월	일
37회	意 뜻 의		월	일
38회	例 법식 례(예)		월	일
39회	式 법식		월	일
40회	度 법도 도		월	일

禮

뜻(훈)　예도
소리(음)　례(예)

영어 etiquette 예의

예도

예도　례

예도　례

[**예도 례(예)** 는 **음식을 가득 차려놓고 제사 지내는 모습** 을 나타낸 한자입니다.]

례(예) 라고 읽으며 예도, 예의, 예절 등의 뜻이 있습니다.

예문 부모님을 따라 예식장에 다녀왔다.
＝ 부모님을 따라 결혼식을 하기 위한 곳에 다녀왔다.

📖 교과어휘

① **예의**(禮 意) 다른 사람을 공경하는 뜻의 공손한 말투나 몸가짐　국어 1-1(가)
　　예도 예 뜻 의
② **예절**(禮 節) 예의와 규범에 맞는 절차　국어 1-2(가)
　　예도 예 마디 절
③ **경례**(敬 禮) 공경하는 뜻으로 고개를 숙이거나 손을 올리는 동작
　　공경 경 예도 례
④ **장례식**(葬 禮 式) 죽은 사람을 땅에 묻거나 화장하는 의식　사회 3-1
　　장사지낼 장 예도 례 법 식
⑤ **주례사**(主 禮 辭) 혼례식에서 신랑 신부에게 축하해주는 말
　　주인 주 예도 례 말씀 사
⑥ **예식장**(禮 式 場) 결혼식을 하기 위한 곳
　　예도 예 법식 마당 장
⑦ **혼례식**(婚 禮 式) 부부가 됨을 알리는 예식　국어 3-1(가)
　　혼인할 혼 예도 례 법 식

---

1 다음 한자의 뜻(훈)과 소리(음)를 써 보세요.

禮　뜻(훈): ＿＿＿＿＿＿＿＿＿＿＿　소리(음): ＿＿＿＿＿＿＿＿＿＿＿

2 다음 뜻에 알맞은 단어를 골라 빈칸에 한글로 써 보세요.

[1] 공경하는 뜻으로 고개를 숙이거나 손을 올리는 동작

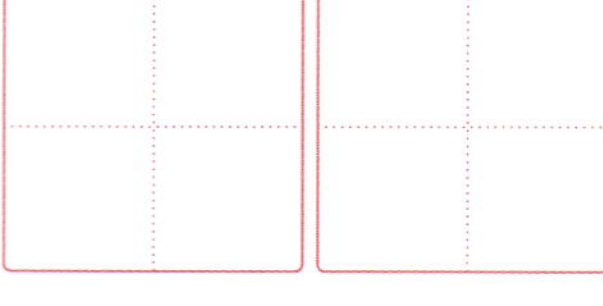

① 禮節　　② 敬禮
　마디 절　　공경 경

[2] 결혼식을 하기 위한 곳

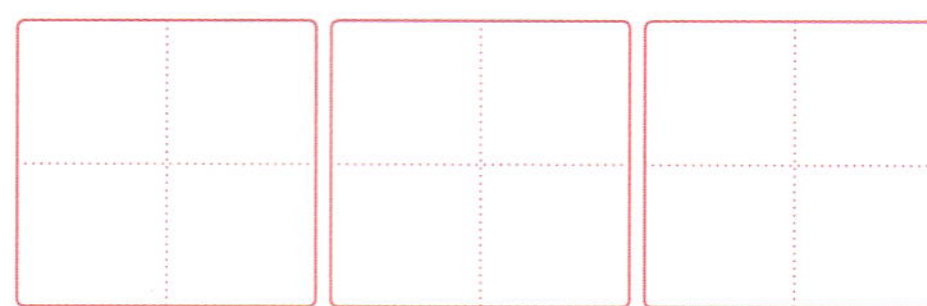

① 主禮辭　　② 禮式場
　말씀 사　　법 식

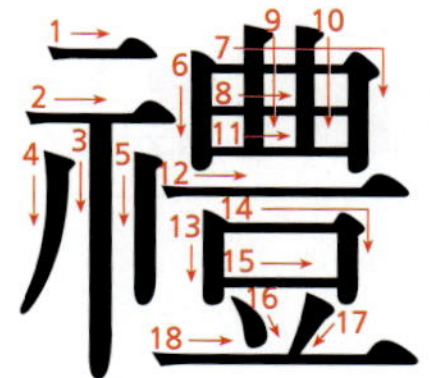

부수 **示**(보일시, 5획) 획수 총 18획

1	2	3	4	5	6	7
예도 례	예도 례					
8	9	10	11	12	13	14
15	16	17	18	19	20	21

4 다음 문장 중 밑줄 친 부분을 한자어로 써 보세요.

> 교장 선생님께 인사를 했더니 **공경하는 뜻의 공손한 몸가짐**이 바른 어린이라고 칭찬을 받았다.

공경하는 뜻의 공손한 몸가짐 ＝ 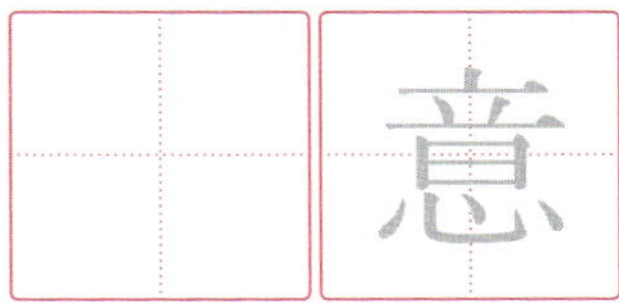

5 다음 낱말 중 **禮 예도 례** 한자가 쓰인 단어는 무엇인지 2개 골라 ○표를 해 보세요.

예습	예절	예상	혼례식
배울 것을 미리 익힘	예의와 규범에 맞는 절차	일이 일어나기 전에 미리 헤아려 봄	부부가 됨을 알리는 예식
( )	( )	( )	( )

 끝난 시간 ☐ 시 ☐ 분 **1회 분 푸는 데 걸린 시간** ☐ 분　☆ **5문제 중** ☐ 개　3번은 정확히 다 써야 정답입니다.　스스로 붙임딱지 

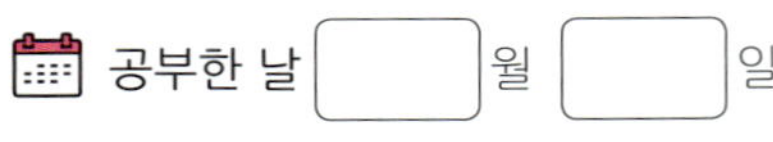

📅 공부한 날 [　]월 [　]일
⏱ 시작 시간 [　]시 [　]분

意

뜻(훈) **뜻**
소리(음) **의**

영어 **mean 의미하다**

[**뜻 의**는 소리 음(音)과 마음 심(心)이 합쳐진 글자로, 마음 속 생각을 소리로 표현하는 **모습**을 나타낸 한자입니다.]

의라고 읽으며 뜻, 생각하다 등의 뜻이 있습니다.

예문 고개를 끄덕이는 것은 '그렇다'는 **의미**야.
= 고개를 끄덕이는 것은 '그렇다'는 **뜻**이야.

📖 교과어휘

① **의미**(意 味) 어떤 말이나 글, 행동에 담겨있는 뜻 〔국어 3-1(가)〕
　　　뜻 의 맛 미

② **의견**(意 見) 자신이 가지는 마음이나 생각 〔겨울 1-2〕
　　　뜻 의 볼 견

③ **주의**(注 意) 정신을 차리고 특히 조심함. 또는 그러도록 하는 경고 〔국어 1-1(나)〕
　　　부을 주 뜻 의

④ **동의**(同 意) 다른 사람과 뜻을 같이 함 〔국어 4-2(가)〕
　　　한가지 동 뜻 의

⑤ **의도**(意 圖) 무엇을 하려고 꾀함. 또는 그러한 계획 〔국어활동 4-1〕
　　　뜻 의 그림 도

⑥ **의외**(意 外) 생각 밖 〔국어 5-1(나)〕
　　　뜻 의 바깥 외

⑦ **의사소통**(意 思 疏 通) 다른 이와 생각이나 뜻이 서로 통함 〔가을 1-2〕
　　　뜻 의 생각 사 소통할 소 통할 통

---

1 다음 한자의 뜻(훈)과 소리(음)를 써 보세요.

意　　뜻(훈): ＿＿＿＿＿＿＿　　소리(음): ＿＿＿＿＿＿＿

2 다음 뜻에 알맞은 단어를 골라 빈칸에 한글로 써 보세요.

[1] 생각 밖

①注意　　②意外
　부을 주

[2] 자신이 가지는 마음이나 생각

①意味　　②意見
　맛 미　　　볼 견

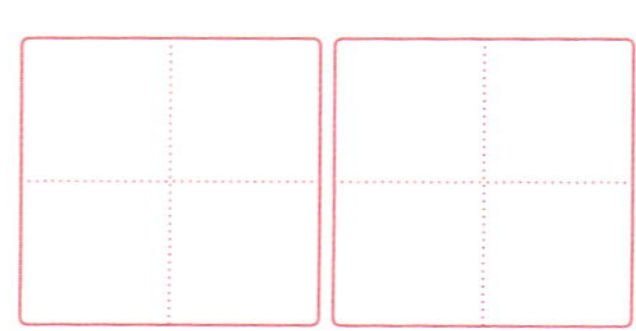

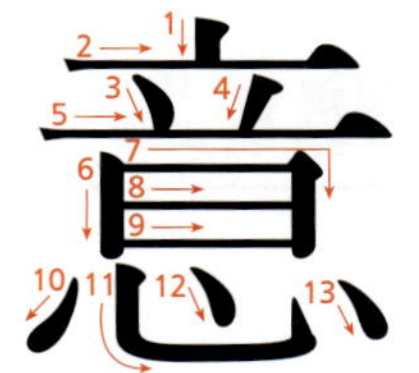

意 意 意 意 意 意 意 意
意 意 意 意 意

부수 心 (마음심, 4획) 획수 총 13획

1	2	3	4	5	6	7
意	意	意	意	意	意	意
뜻의	뜻의					

8	9	10	11	12	13	14
意	意	意	意	意	意	意

15	16	17	18	19	20	21
意						

4 다음 문장 중 밑줄 친 부분을 한자어로 써 보세요.

> 옛날 사람들은 지구를 중심으로 별들이 돈다고 생각했습니다. 하지만 코페르니쿠스라는 과학자는 **다른 사람들과 뜻을 같이 할** 수 없었습니다. 그가 연구한 결과, 지구가 태양을 돌고 있기 때문이었습니다. 비록 당시 사람들은 그를 믿지 않았지만, 오늘날 우리는 그가 옳았다는 것을 알 수 있습니다.

다른 사람들과 뜻을 같이 함 = ☐ ☐

5 다음 낱말 중 意 뜻 의 한자가 쓰인 단어는 무엇인지 2개 골라 ○표를 해 보세요.

의도	의사소통	의사	의심
무엇을 하려고 꾀함. 또는 그러한 계획	다른 이와 생각이나 뜻이 서로 통함	병을 진찰하고 치료하는 자격을 갖춘 사람	의문을 가지며 믿지 못함
( )	( )	( )	( )

例

뜻(훈)   법식
소리(음)   례(예)

영어   rule 규칙

[**법식 례(예)**는 **사람이 나란히 서있는 모습**을 나타낸 한자입니다.]

례(예)라고 읽으며 법식, 규칙, 형식 등의 뜻이 있습니다.

예문 나는 딸기 맛을 안 먹지만 딸기 사탕은 예외야.
= 나는 딸기 맛을 안 먹지만 딸기 사탕은 그 규칙에서 벗어나 있어.

교과어휘

① **차례**(次 例) 여럿을 하나씩 둔 순서 국어 1-1(가)
버금 차 법식 례

② **예외**(例 外) 일반적인 규칙에서 벗어남 국어 3·2(가)
법식 예 바깥 외

③ **사례**(事 例) 이전에 실제로 있었던 예 사회 4-1
일 사 법식 례

④ **예시**(例 示) 예를 보여줌
법식 예 보일 시

⑤ **예문**(例 文) 예로 든 글 국어 3-1(나)
법식 예 글월 문

⑥ **예제**(例 題) 보기로 드는 문제
법식 예 제목 제

⑦ **비례**(比 例) 두 양이나 수가 서로 일정한 관계를 유지함
견줄 비 법식 례

---

1 다음 한자의 뜻(훈)과 소리(음)를 써 보세요.

例   뜻(훈): ____________________   소리(음): ____________________

2 다음 뜻에 알맞은 단어를 골라 빈칸에 한글로 써 보세요.

[1] 일반적인 규칙에서 벗어남

① 例文   ② 例外

[2] 두 양이나 수가 서로 일정한 관계를 유지함

① 事例   ② 比例
견줄 비

3 다음 **법식 례** 한자를 순서대로 써 보세요.

부수 **亻**(사람인변, 2획) 획수 총 8획

1	2	3	4	5	6	7
例	例	例	例	例	例	例
법식 례	법식 례					
8	9	10	11	12	13	14
例	例	例				
15	16	17	18	19	20	21

4 다음 문장 중 빈칸에 들어갈 알맞은 단어를 골라 보세요. ·············· [   ]

드디어 내가 뛸 (   )이/가 되어 출발선 앞으로 갔다.

① 사례(事例) ② 예문(例文) ③ 차례(次例) ④ 예시(例示)
버금 차   보일 시

5 다음 낱말 중 例 **법식 례** 한자가 쓰인 단어는 무엇인지 2개 골라 ○표를 해 보세요.

예시	연예인	서예	예제
예를 보여줌	대중 앞에서 공연하는 사람	붓글씨의 예술	보기로 드는 문제
( )	( )	( )	( )

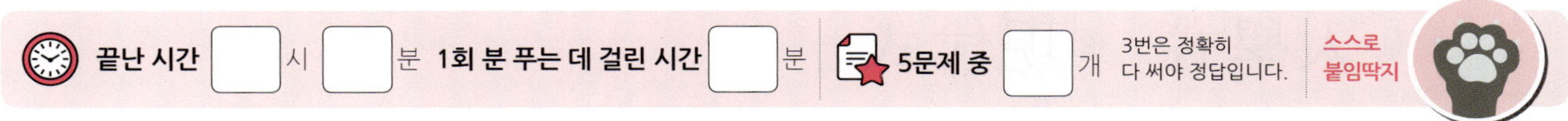

공부한 날 [ ] 월 [ ] 일
시작 시간 [ ] 시 [ ] 분

式

법

법 식

법 식

뜻(훈) **법**
소리(음) **식**

영어 **form 형식**

[**법 식**은 **정해진 방식에 따라 장인이 물건을 만드는 모습**을 나타낸 한자입니다.]

식이라고 읽으며 법, 표준, 의식 등의 뜻이 있습니다.

예문 이 문제는 선생님께서 알려주신 **방식**대로 풀면 쉬워.
= 이 문제는 선생님께서 알려주신 **일정한 방법**대로 풀면 쉬워.

교과어휘

① **정식**(正 式) 올바른 형식 또는 방식 [국어활동 3-2]
　　바를 정 법 식
② **방식**(方 式) 무언가를 하는 일정한 방법 또는 형식 [국어 4-1(나)]
　　모 방 법 식
③ **공식**(公 式) 사회 전체에 걸쳐 공적으로 인정된 방식 또는 형식 [국어 6-1(나)]
　　공평할 공 법 식
④ **현대식**(現 代 式) 지금 시대에 맞는 형식 또는 방식 [국어 6-1(나)]
　　나타날 현 대신할 대 법 식
⑤ **서양식**(西 洋 式) 서양에서 들어온 양식 [국어 6-1(나)]
　　서녘 서 큰 바다 양 법 식
⑥ **입학식**(入 學 式) 신입생들이 입학을 하는 의식
　　들 입 배울 학 법 식
⑦ **결혼식**(結 婚 式) 부부가 됨을 알리는 의식 [가을 1-2]
　　맺을 결 혼인할 혼 법 식

1 다음 한자의 뜻(훈)과 소리(음)를 써 보세요.

式　　뜻(훈): ____________　　소리(음): ____________

2 다음 뜻에 알맞은 단어를 골라 빈칸에 한글로 써 보세요.

[1] 올바른 형식 또는 방식

　　① 正式　　② 公式

[2] 지금 시대에 맞는 형식 또는 방식

　　① 入學式　　② 現代式

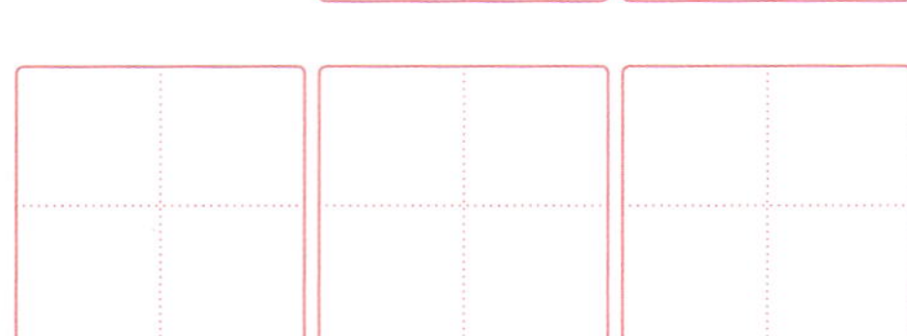

3 다음 **법** **식** 한자를 순서대로 써 보세요.

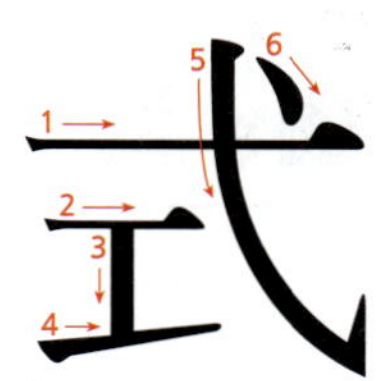

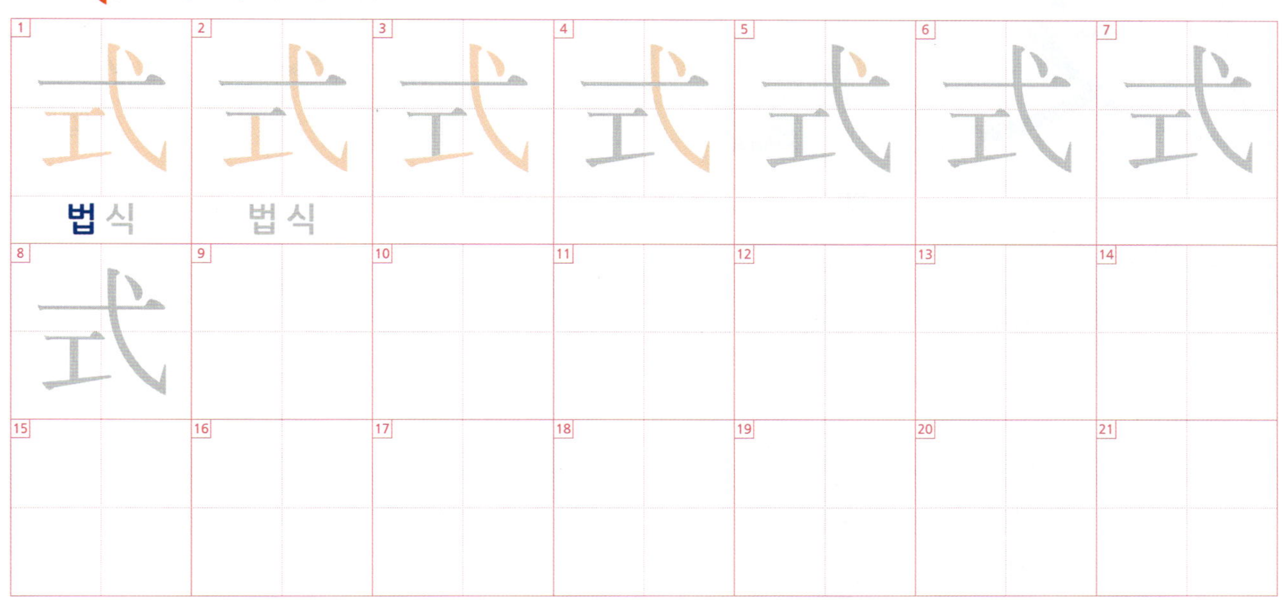

부수 弋(주살익, 3획) 획수 총 6획

1	2	3	4	5	6	7
式	式	式	式	式	式	式
법식	법식					
8	9	10	11	12	13	14
式						
15	16	17	18	19	20	21

4 다음 문장 중 밑줄 친 한자의 음(音)을 써 보세요.

> 오늘은 우리 학교 入學式이 있는 날이다.
>
> (   )

5 다음 낱말 중 式 **법** **식** 한자가 쓰인 단어는 무엇인지 2개 골라 ○표를 해 보세요.

서양식	결혼식	동식물	상식
서양에서 들어온 양식	부부가 됨을 알리는 의식	동물과 식물	사람들이 다 알거나 알아야 할 지식이나 판단력
( )	( )	( )	( )

度

뜻(훈)　법도
소리(음)　도

[영어] degree 정도

[**법도 도**는 **손으로 길이를 재는 모습**을 나타낸 한자입니다.]

도라고 읽으며 법도, 정도, 헤아리다 등의 뜻이 있습니다.

예문 한자 시험은 급수에 따라 난이도가 달라져.
　　= 한자 시험은 급수에 따라 어려움과 쉬움의 정도가 달라져.

📖 교과어휘

① **정도**(程 **度**) 얼마의 수준이나 분량 〔국어 2-1(나)〕
　　한도 정 법도 도
② **속도**(速 **度**) 움직임이 빠른 정도 〔국어활동 3-1〕
　　빠를 속 법도 도
③ **온도**(溫 **度**) 차갑고 뜨거운 정도 〔국어 3-2(가)〕
　　따뜻할 온 법도 도
④ **난이도**(難 易 **度**) 어렵고 쉬움의 정도
　　어려울 난 쉬울 이 법도 도
⑤ **습도**(濕 **度**) 공기 속에 수증기가 있는 정도 〔국어 3-2(가)〕
　　젖을 습 법도 도
⑥ **태도**(態 **度**) 어떤 대상을 대하는 자세나 표정 〔국어활동 1-2〕
　　모습 태 법도 도
⑦ **제도**(制 **度**) 국가나 사회의 규칙과 법 〔국어 4-1(나)〕
　　지을 제 법도 도

---

1 다음 한자의 뜻(훈)과 소리(음)를 써 보세요.

度　　뜻(훈): ______________　　소리(음): ______________

2 다음 뜻에 알맞은 단어를 골라 빈칸에 한글로 써 보세요.

[1] 움직임이 빠른 정도

① 程度　　② 速度
　한도 정

[2] 차갑고 뜨거운 정도

① 溫度　　② 濕度
　　　　　　젖을 습

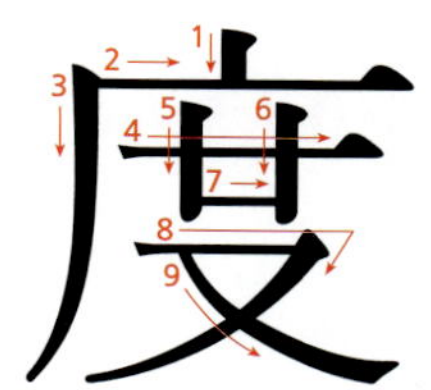

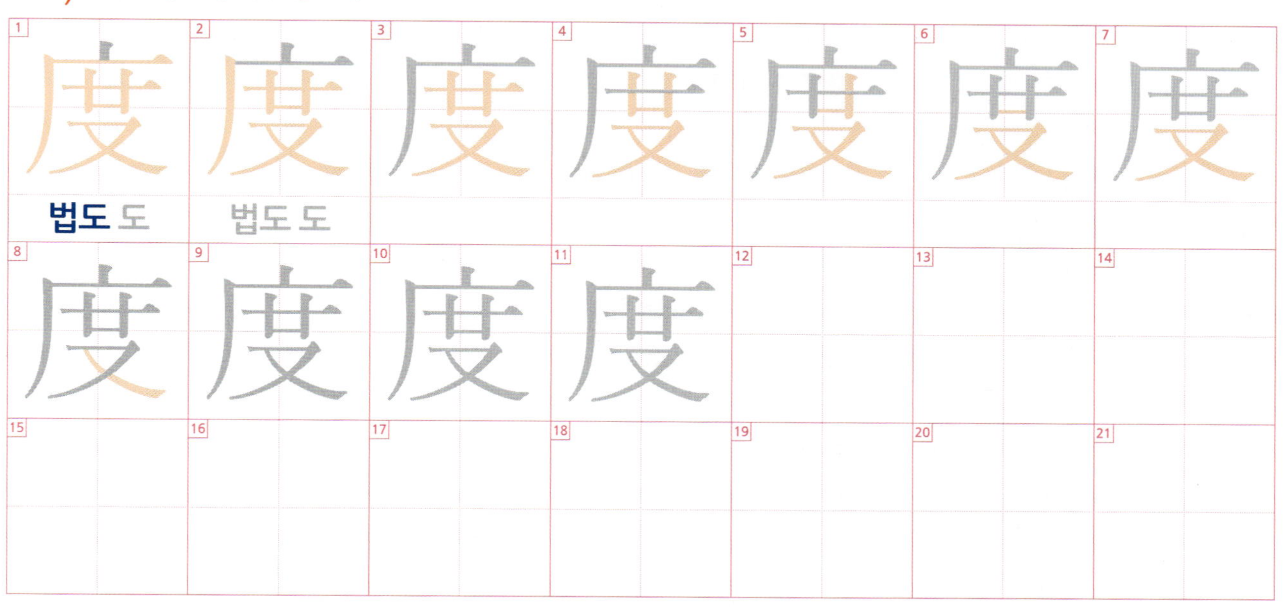

부수 广(엄호, 3획) 획수 총 9획

법도 도　법도 도

4 다음 문장 중 밑줄 친 부분을 한자어로 써 보세요.

> 조선시대 때는 과거 시험을 통해 관리를 뽑는 것을 **국가의 법**으로 정했다.

* 관리 : 나라의 일을 하는 사람

국가의 법　＝　制 ☐

5 다음 낱말 중 度 **법도 도** 한자가 쓰인 단어는 무엇인지 2개 골라 ○표를 해 보세요.

난이도	도구	인도	태도
어렵고 쉬움의 정도	어떤 일을 할 때 쓰는 연장	사람이 걸어 다니도록 만든 길	어떤 대상을 대하는 자세나 표정
(　　)	(　　)	(　　)	(　　)

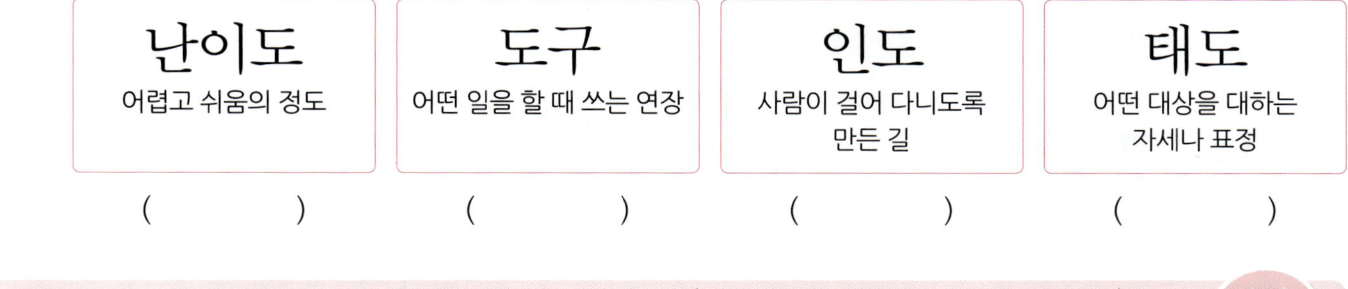

끝난 시간 ☐ 시 ☐ 분　**1회 분 푸는 데 걸린 시간** ☐ 분　**5문제 중** ☐ 개　3번은 정확히 다 써야 정답입니다.　스스로 붙임딱지

● 설명에 맞는 한자어를 빈칸에 한글로 써 보세요.

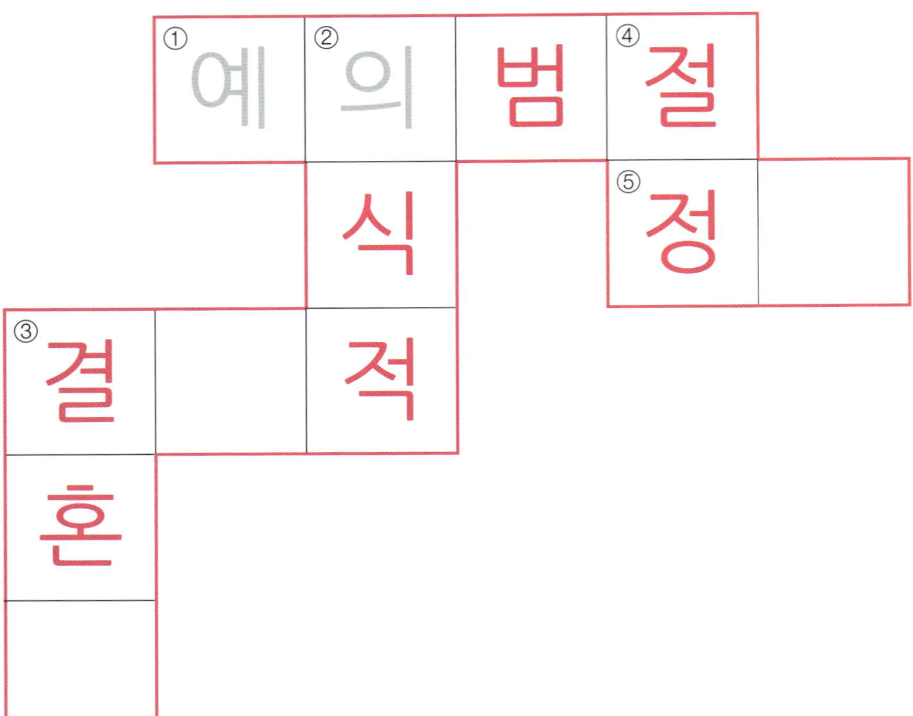

가로

① 禮 儀 凡 節
거동 의 무릇 범 마디 절

일상생활에서의 모든 예의와 예절

③ 決 定 的
결단할 결 과녁 적

일의 방향이나 결과를 바꾸지 못할 만큼 확실한 것

⑤ 程 度
한도 정

그만큼의 분량

세로

② 意 識 的
알 식 과녁 적

알고 있으면서 일부러 행동하는 것

③ 結 婚 式
맺을 결 혼인할 혼

부부가 되기로 약속하는 의식

④ 絕 頂
끊을 절 정수리 정

최고의 경지에 도달한 상태

9주차

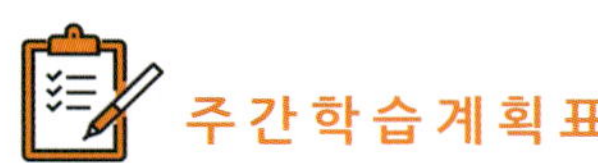 주간학습계획표

회차	학습내용			학습계획일
41회	科	과목 과		☐ 월 ☐ 일
42회	題	제목 제		☐ 월 ☐ 일
43회	番	차례 번		☐ 월 ☐ 일
44회	號	이름 호		☐ 월 ☐ 일
45회	第	차례 제		☐ 월 ☐ 일

공부한 날 [ ] 월 [ ] 일
시작 시간 [ ] 시 [ ] 분

科

과목

과목 과

과목 과

뜻(훈) 과목
소리(음) 과

영어 subject 과목

[과목 과는 벼 화(禾)와 말 두(斗)가 합쳐진 글자로, 곡식을 말로 퍼 구분하는 모습을 나타낸 한자입니다.]
* 말 : 곡식, 액체, 가루 등의 양을 재는 데 쓰는 그릇

과라고 읽으며 과목, 항목 등의 뜻이 있습니다.

예문 이가 아파서 치과 병원에 갔어.
= 이가 아파서 이를 치료하는 병원에 갔어.

교과어휘

① 교과서(敎 科 書) 학교에서 지식을 가르치는 책 국어 1-1(가)
가르칠 교 과목 과 글 서

② 과목(科 目) 지식을 여러 갈래로 나눈 공부 영역 국어 3-1(가)
과목 과 눈 목

③ 과학(科 學) 실험과 이론 등을 이용하여 세상의 원리를 연구하는 학문 국어 1-2(가)
과목 과 배울 학

④ 학과(學 科) 대학에서 지식 분야를 나눠놓은 단위
배울 학 과목 과

⑤ 치과(齒 科) 이에 관한 병을 치료하고 연구하는 의학의 한 분야 국어 1-1(가)
이 치 과목 과

⑥ 안과(眼 科) 눈에 관한 병을 치료하고 연구하는 의학의 한 분야
눈 안 과목 과

⑦ 백과사전(百 科 事 典) 지식과 정보를 한데 모아 설명한 사전 가을 1-2
일백 백 과목 과 일 사 법 전

---

1 다음 한자의 뜻(훈)과 소리(음)를 써 보세요.

科   뜻(훈): ___________________   소리(음): ___________________

2 다음 뜻에 알맞은 단어를 골라 빈칸에 한글로 써 보세요.

[1] 대학에서 지식 분야를 나눠놓은 단위

①齒科   ②學科
이 치

[2] 지식을 여러 갈래로 나눈 공부 영역

①眼科   ②科目
눈 안

3 다음 **과목 과** 한자를 순서대로 써 보세요.

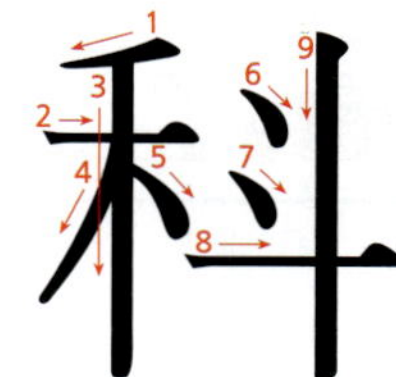

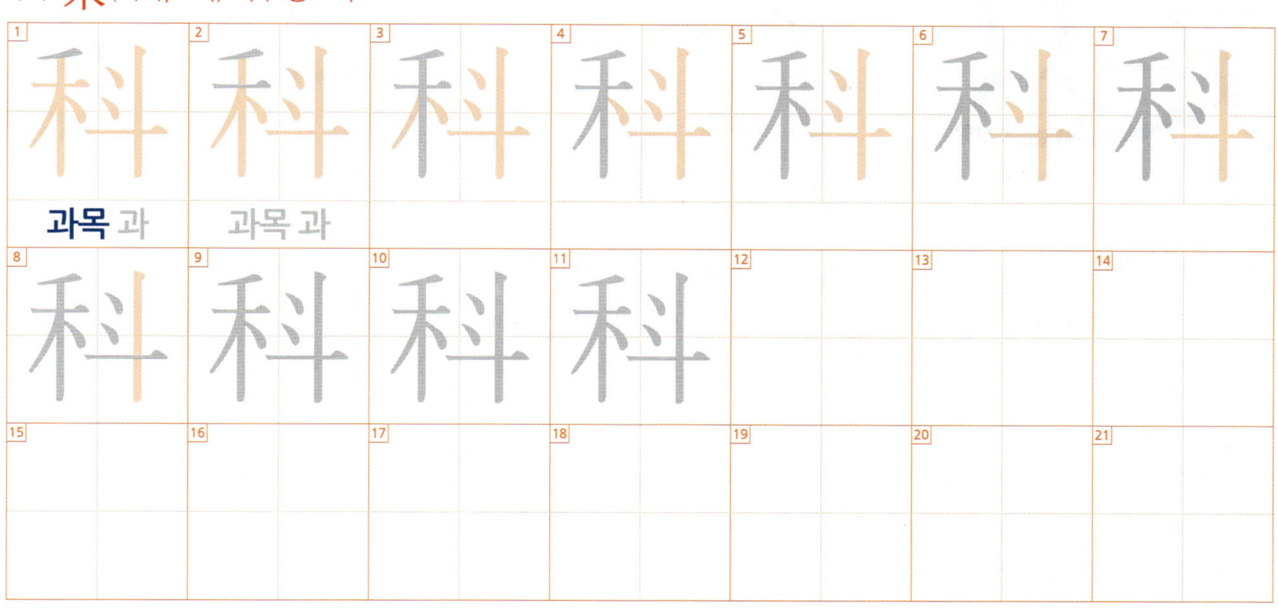

부수 禾(벼화, 5획) 획수 총 9획

과목 과

4 다음 문장 중 밑줄 친 한자의 음(音)을 써 보세요.

오늘 科學 시간에는 자석으로 나침반의 바늘을 움직이는 실험을 했다.

(   )

5 다음 낱말 중 科 **과목 과** 한자가 쓰인 단어는 무엇인지 2개 골라 ○표를 해 보세요.

치과	모과	과장	백과사전
이에 관한 병을 치료하고 연구하는 의학의 한 분야	모과나무의 열매	실제보다 더 부풀려서 말함	지식과 정보를 한데 모아 설명한 사전
( )	( )	( )	( )

공부한 날 [ ] 월 [ ] 일
시작 시간 [ ] 시 [ ] 분

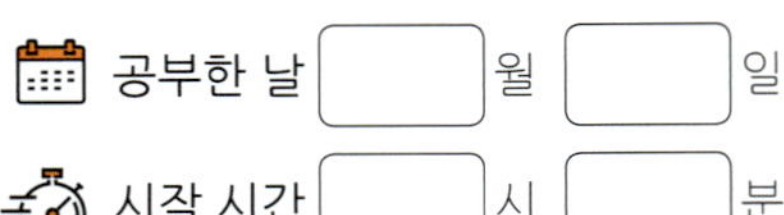

題

뜻(훈)　제목
소리(음)　제
영어　title 제목

제목

제목　제

제목　제

[**제목 제**는 **사람 몸의 시작 부분인 이마**를 나타낸 한자입니다.]

제라고 읽으며 제목, 머리말, 문제 등의 뜻이 있습니다.

예문 이 이야기의 주제는 '거짓말하지 말자.'야.
= 이 이야기의 중심이 되는 생각은 '거짓말하지 말자.'야.

교과어휘

① **제목**(題 目) 작품이나 글의 내용을 대표하기 위한 이름　국어 1-1(가)
제목 제 눈 목

② **숙제**(宿 題) 학습 활동을 위해 집에서 해오게 하는 문제　국어 1-1(나)
묵을 숙 제목 제

③ **주제**(主 題) 어떤 내용의 중심이 되는 생각이나 문제　가을 1-2
주인 주 제목 제

④ **문제**(問 題) 대답을 얻으려고 낸 질문　가을 1-2
물을 문 제목 제

⑤ **소제목**(小 題 目) 큰 제목 밑으로 다시 나눠지는 작은 제목　국어 3-2(가)
작을 소 제목 제 눈목

⑥ **환경문제**(環 境 問 題) 환경을 파괴하거나 환경에 나쁜 영향을 주는 문제들
고리 환 지경 경 물을 문 제목 제

⑦ **과제**(課 題) 맡아 해결해야 하는 일　사회 3-1
공부할 과 제목 제

---

1 다음 한자의 뜻(훈)과 소리(음)를 써 보세요.

題　뜻(훈): ____________　소리(음): ____________

2 다음 뜻에 알맞은 단어를 골라 빈칸에 한글로 써 보세요.

[1] 어떤 내용의 중심이 되는 생각이나 문제

① 主題　② 課題
　　　　　공부할 과

[2] 작품이나 글의 내용을 대표하기 위한 이름

① 題目　② 宿題
　　　　　묵을 숙

3 다음 **제목 제** 한자를 순서대로 써 보세요.

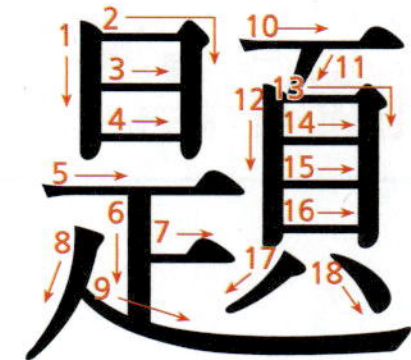

부수 頁 (머리혈, 9획) 획수 총 18획

1 題	2 題	3 題	4 題	5 題	6 題	7 題
제목 제 제목 제						
8 題	9 題	10 題	11 題	12 題	13 題	14 題
15 題	16 題	17 題	18 題	19 題	20 題	21

4 다음 문장 중 밑줄 친 한자의 음(音)을 써 보세요.

> 모든 問**題**에는 정답이 있다.
>
> (   )

5 다음 낱말 중 **題 제목 제** 한자가 쓰인 단어는 무엇인지 2개 골라 ○표를 해 보세요.

소제목	형제	제자	환경문제
큰 제목 밑으로 다시 나눠지는 작은 제목	형과 동생	지식이나 덕을 갖춘 스승으로부터 가르침을 받은 사람	환경을 파괴하거나 환경에 나쁜 영향을 주는 문제들
( )	( )	( )	( )

 **끝난 시간** ☐ 시 ☐ 분 **1회 분 푸는 데 걸린 시간** ☐ 분  **5문제 중** ☐ 개 3번은 정확히 다 써야 정답입니다. **스스로 붙임딱지** 

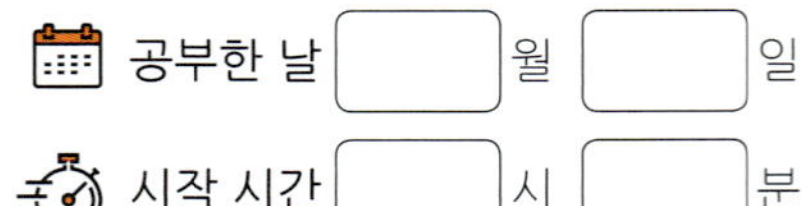

番

뜻(훈)　　차례
소리(음)　번
영어　turn 차례

番
차례　번

[차례 번은 **밭에 차례로 발자국이 찍혀있는 모습**을 나타낸 한자입니다.]

번이라고 읽으며 차례, 번, 순서 등의 뜻이 있습니다.

예문　이번 주 청소 당번은 하은이야.
　　= 이번 주 청소는 하은이가 할 차례야.

📖 **교과어휘**

① **번호**(番 號) 차례를 나타내려 매긴 숫자　〔국어활동 1-2〕
　　　차례 번 이름 호
② **저번**(這 番) 이전 차례　〔국어 4-2(가)〕
　　　이 저 차례 번
③ **전화번호**(電 話 番 號) 전화마다 정해 매겨진 번호　〔사회 4-1〕
　　　번개 전 말씀 화 차례 번 이름 호
④ **당번**(當 番) 여러 사람이 번갈아가며 하는 일을 맡을 차례가 됨　〔국어 2-1(나)〕
　　　마땅 당 차례 번
⑤ **순번**(順 番) 차례대로 돌아오는 순서
　　　순할 순 차례 번
⑥ **매번**(每 番) 모든 때마다 번번이
　　　매양 매 차례 번
⑦ **우편번호**(郵 便 番 號) 우편물의 배송을 쉽게 하기 위해 지역마다 매긴 번호
　　　우편 우 편할 편 차례 번 이름 호

1　다음 한자의 뜻(훈)과 소리(음)를 써 보세요.

番　　뜻(훈): ＿＿＿＿＿＿＿＿＿　　소리(음): ＿＿＿＿＿＿＿＿＿

2　다음 뜻에 알맞은 단어를 골라 빈칸에 한글로 써 보세요.

[1] 여러 사람이 번갈아가며 하는 일을 맡을 차례가 됨

① 當番　　② 這番
　마땅 당　　　이 저

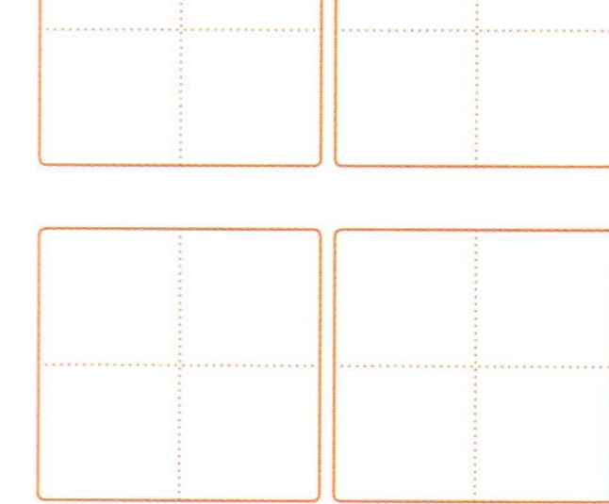

[2] 차례를 나타내려 매긴 숫자

① 每番　　② 番號
　　　　　　　　　이름 호

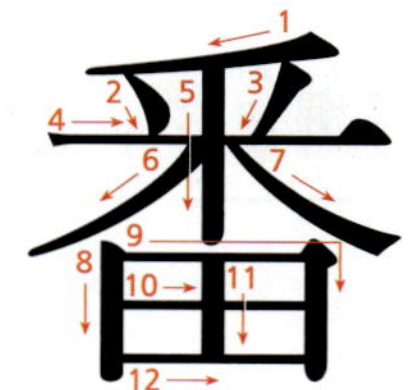

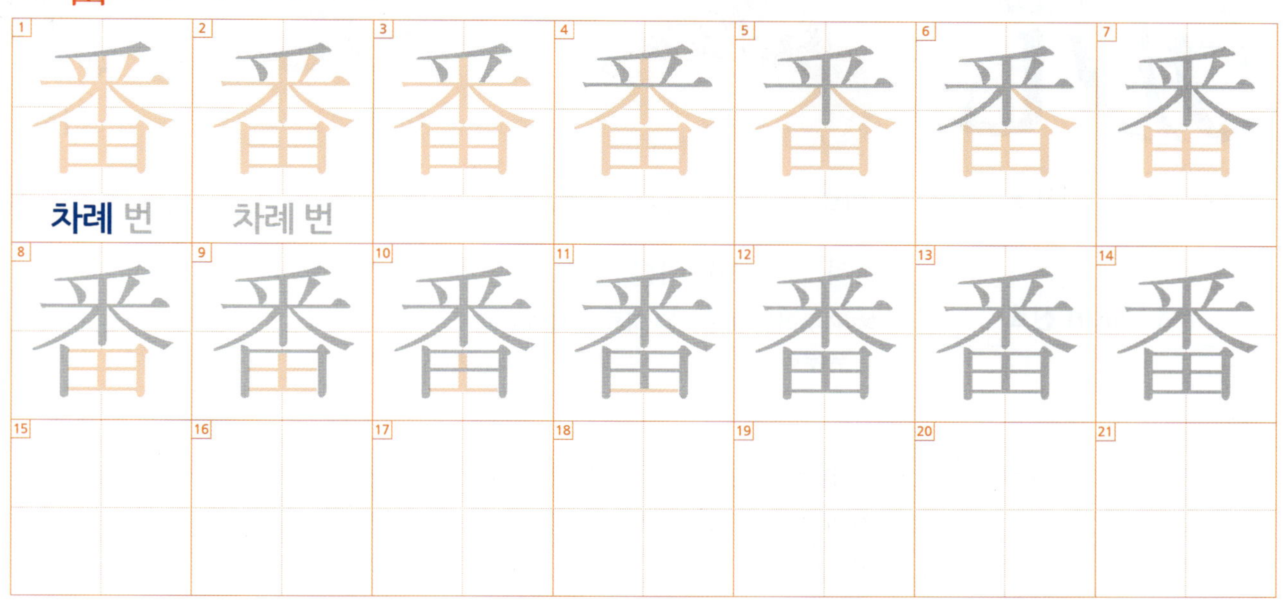

부수 田(밭전, 5획) 획수 총 12획

1	2	3	4	5	6	7
番	番	番	番	番	番	番
차례 번	차례 번					

8	9	10	11	12	13	14
番	番	番	番	番	番	番

15	16	17	18	19	20	21

4 다음 문장 중 빈칸에 들어갈 알맞은 단어를 골라 보세요. ……………………………… [   ]

> 나는 편지나 택배를 보낼 때 주소와 함께 적는 번호야. 지역에 따라 숫자가 다르게 매겨져 있어. 나를 정확하게 쓰지 않으면 편지와 택배가 올바르게 전달되지 못해. 나는 바로 (   )(이)야.

① 순번(順番)
순할 순

② 매번(每番)

③ 우편번호(郵便番號)
우편 우 　 이름 호

5 다음 낱말 중 番 **차례 번** 한자가 쓰인 단어는 무엇인지 2개 골라 ○표를 해 보세요.

전화번호	번식기	순번	빈번
전화마다 정해 매겨진 번호	동물이 새끼를 치는 시기	차례대로 돌아오는 순서	어떤 일이 발생하는 정도가 매우 잦음
( )	( )	( )	( )

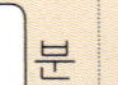
끝난 시간 [ ]시 [ ]분 **1회 분 푸는 데 걸린 시간** [ ]분 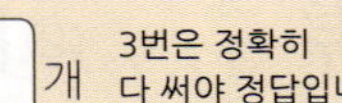**5문제 중** [ ]개 3번은 정확히 다 써야 정답입니다. 스스로 붙임딱지 

9주
43회
정답 135쪽

공부한 날　　월　　일
시작 시간　　시　　분

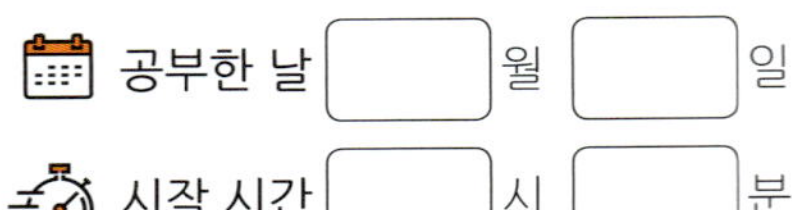

뜻(훈)　이름
소리(음)　호
영어　sign 신호

[**이름 호**는 **호랑이가 부르짖는 모습**을 보고 만들었습니다.]

호라고 읽으며 이름, 부르다 등의 뜻이 있습니다.

예문 우리들의 번호는 이름 순서대로야.
= 우리들의 차례를 나타내는 숫자는 이름 순서대로야.

📖 교과어휘

① **신호**(信 號) 전파나 소리, 몸짓 등을 이용하여 특정한 정보를 전달하는 것　가을 1-2
　　믿을 신 이름 호
② **신호등**(信 號 燈) 도로에 설치한 등으로 보통 초록색, 빨간색, 노란색으로 나타냄　국어활동 1-2
　　믿을 신 이름 호 등 등
③ **수신호**(手 信 號) 손을 이용한 신호　사회 3-1
　　손 수 믿을 신 이름 호
④ **기호**(記 號) 어떤 뜻을 나타내는 부호, 그림이나 문자　국어 3-1(나)
　　기록할 기 이름 호
⑤ **암호**(暗 號) 어떤 내용을 비밀리에 전달하려고 쓰는 부호나 신호　사회 3-1
　　어두울 암 이름 호
⑥ **번호**(番 號) 차례를 나타내려 매긴 숫자　국어활동 1-2
　　차례 번 이름 호
⑦ **비밀번호**(秘 密 番 號) 자신의 정보를 다른 사람이 알거나 볼 수 없도록 정해두는 문자 배열
　　숨길 비 빽빽할 밀 차례 번 이름 호

---

1 다음 한자의 뜻(훈)과 소리(음)를 써 보세요.

號　　뜻(훈): ＿＿＿＿＿＿＿＿　　소리(음): ＿＿＿＿＿＿＿＿

2 다음 뜻에 알맞은 단어를 골라 빈칸에 한글로 써 보세요.

[1] 전파 등을 이용하여 특정한 정보를 전달하는 것

①番號　　②信號

[2] 어떤 뜻을 나타내는 부호, 그림이나 문자

①記號　　②暗號
　　　　　어두울 암

3 다음 **이름** **호** 한자를 순서대로 써 보세요.

부수 虎(범호엄, 6획) 획수 총 13획

이름 호	이름 호

4 다음 문장 중 빈칸에 들어갈 알맞은 단어를 골라 보세요. ·································· [　　　　]

> (　　　　)이/가 파란 불로 바뀌면 손을 들고 횡단보도를 건너요.

① 수신호(手信號)　　　　② 기호(記號)

③ 신호등(信號燈)　　　　④ 비밀번호(秘密番號)
　　　등 등　　　　　　　　　　숨길 비 빽빽할 밀

5 다음 낱말 중 號 **이름** **호** 한자가 쓰인 단어는 무엇인지 2개 골라 ○표를 해 보세요.

암호	번호	호수	호기심
내용을 비밀리에 전달하는 부호나 신호	차례를 나타내려 매긴 숫자	땅이 오목하게 파여 아주 넓게 물이 고여 있는 곳	새롭고 알지 못한 것에 끌리는 마음
(　　)	(　　)	(　　)	(　　)

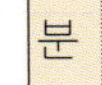

끝난 시간 [　]시 [　]분　1회 분 푸는 데 걸린 시간 [　]분　5문제 중 [　]개　3번은 정확히 다 써야 정답입니다.　스스로 붙임딱지

第

뜻(훈) 차례
소리(음) 제
영어 sequence 차례

[**차례 제**는 **순서대로 줄을 감은 나무의 모습**을 나타낸 한자입니다.]

제라고 읽으며 차례, 순서 등의 뜻이 있습니다.

예문 나는 한자 공부가 제일 재밌어!
= 나는 한자 공부가 가장 재밌어!

📖 교과어휘

① **제일**(第 一) 여럿 가운데 첫째. 가장 겨울 2-2
　　차례 제 한 일
② **천하제일**(天 下 第 一) 세상에서 가장 좋거나 뛰어남 국어 5-1(나)
　　하늘 천 아래 하 차례 제 한 일
③ **안전제일**(安 全 第 一) 어떤 일을 할 때 위험이 없도록 안전을 가장 중요시 여김
　　편안 안 온전 전 차례 제 한 일
④ **급제**(及 第) 과거 시험에 붙음 사회 3-1
　　미칠 급 차례 제
⑤ **장원급제**(壯 元 及 第) 과거에 첫째로 합격함
　　장할 장 으뜸 원 미칠 급 차례 제
⑥ **제삼자**(第 三 者) 어떤 일에 대하여 당사자가 아닌 사람
　　차례 제 석 삼 놈 자
⑦ **제일강산**(第 一 江 山) 경치가 아주 좋은 곳
　　차례 제 한 일 강 강 메 산

---

1 다음 한자의 뜻(훈)과 소리(음)를 써 보세요.

第　　뜻(훈): ________________　　소리(음): ________________

---

2 다음 뜻에 알맞은 단어를 골라 빈칸에 한글로 써 보세요.

[1] 여럿 가운데 첫째. 가장

① 及第　　② 第一
　미칠 급

[2] 위험이 없도록 안전을 가장 중요시 여김

① 天下第一　② 安全第一

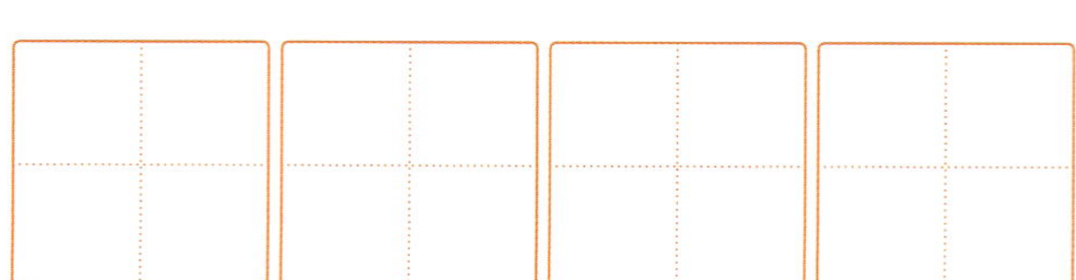

3 다음 **차례 제** 한자를 순서대로 써 보세요.

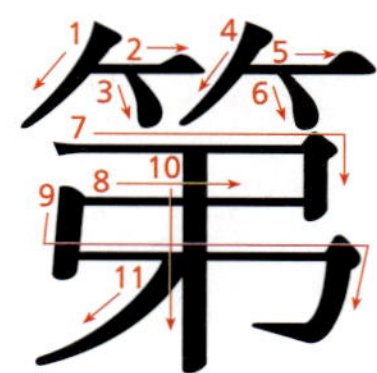

第 第 第 第 第 第 第 第
第 第 第

부수 竹(대죽, 6획) 획수 총 11획

차례 제 　차례 제

4 다음 문장 중 빈칸에 들어갈 알맞은 단어를 골라 보세요. ·· [　　　　]

　　　조선시대 때는 과거 시험을 통해 나라의 관리를 뽑았습니다. 과거 시험에서 1등으로 합격하는 것을 (　　　　)(이)라고 하는데, 1등을 한 사람에게는 임금님이 종이꽃이 달린 모자를 내려주었습니다.

① 장원급제(壯元及第)　　② 제일강산(第一江山)　　③ 제삼자(第三者)
　　장할 장 으뜸 원 미칠 급

5 다음 낱말 중 第 **차례 제** 한자가 쓰인 단어는 무엇인지 2개 골라 ○표를 해 보세요.

천하제일	축제	급제	제사
세상에서 가장 좋거나 뛰어남	흥겹게 벌이는 행사	과거 시험에 붙음	죽은 영혼을 기리며 음식을 차리고 정성을 보이는 의식
(　　　)	(　　　)	(　　　)	(　　　)

끝난 시간 　시 　분 1회 분 푸는 데 걸린 시간 　분  5문제 중 　개 3번은 정확히 다 써야 정답입니다. 스스로 붙임딱지

9주

45
회
정답
135쪽

● 다음 설명에 맞는 한자에 동그라미 쳐보세요.

예시   一 과 **음(音)**이 같은 한자

---

1   科 와 **음(音)**이 같은 한자

2   番 과 **뜻**이 같은 한자

3   題 와 **음(音)**이 같은 한자

10주차

주간학습계획표

회차	학습내용		학습계획일
46회	醫 의원 의		월 일
47회	藥 약 약		월 일
48회	病 병 병		월 일
49회	死 죽을 사		월 일
50회	注 부을 주		월 일

📅 공부한 날 [ ]월 [ ]일
⏱ 시작 시간 [ ]시 [ ]분

醫

뜻(훈)　의원
소리(음)　의
영어　doctor 의사

醫
의원　의

[의원 의는 **다친 상처를 치료하는 모습**을 나타낸 한자입니다.]

의라고 읽으며 의원, 병을 고치다 등의 뜻이 있습니다.

예문 배가 아파서 의사 선생님께 진찰을 받았어.
= 배가 아파서 병을 치료하는 자격을 갖춘 사람에게 진찰을 받았어.

📖 교과어휘

① **의사**(醫 師) 병을 진찰하고 치료하는 자격을 갖춘 사람　국어활동 1-1
　　　의원 의 스승 사
② **어의**(御 醫) 옛날 궁궐에서 왕족을 치료하던 의사　국어 4-1(나)
　　　거느릴 어 의원 의
③ **한의사**(韓 醫 師) 한의학으로 병을 진찰하고 치료하는 자격을 갖춘 사람
　　　한국 한 의원 의 스승 사
④ **수의사**(獸 醫 師) 동물의 병을 진찰하고 치료하는 자격을 갖춘 사람　국어 2-1(가)
　　　짐승 수 의원 의 스승 사
⑤ **명의**(名 醫) 병을 잘 고쳐서 이름이 난 의사
　　　이름 명 의원 의
⑥ **동의보감**(東 醫 寶 鑑) 조선시대 때 허준이 쓴 한방 의학서　사회 4-1
　　　동녘 동 의원 의 보배 보 거울 감
⑦ **의약품**(醫 藥 品) 병을 고치거나 예방하기 위해 사용하는 물건이나 물질
　　　의원 의 약 약 물건 품

---

1 다음 한자의 뜻(훈)과 소리(음)를 써 보세요.

醫　　뜻(훈): _________________　　소리(음): _________________

2 다음 뜻에 알맞은 단어를 골라 빈칸에 한글로 써 보세요.

[1] 한의학으로 병을 진찰하고 치료하는 사람

①韓醫師　　②醫藥品
　　스승 사　　　약 약 물건 품

[2] 병을 잘 고쳐서 이름이 난 의사

①名醫　　②御醫
　　　　　　거느릴 어

3 다음 **의원 의** 한자를 순서대로 써 보세요.

부수 酉(닭유, 7획) 획수 총 18획

1	2	3	4	5	6	7
醫	醫	醫	醫	醫	醫	醫

의원 의　의원 의

8	9	10	11	12	13	14
醫	醫	醫	醫	醫	醫	醫

15	16	17	18	19	20	21
醫	醫	醫	醫	醫	醫	

4 다음 문장 중 밑줄 친 글자에 알맞은 한자를 보기에서 찾아 써 보세요.

보기
醫　病　飮　飾　話　記

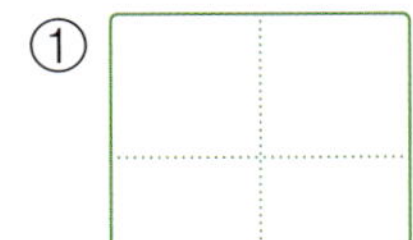의사 선생님께서 물을 많이 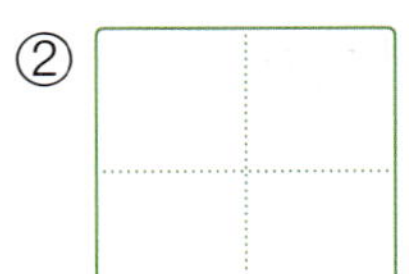**마셔**야 한다고 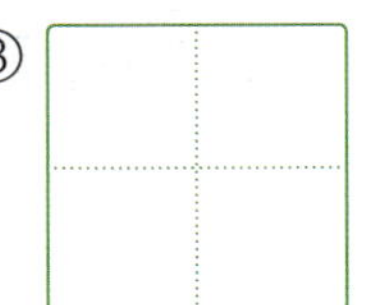**말씀**하셨다.

① ☐　② ☐　③ ☐

5 다음 낱말 중 醫 **의원 의** 한자가 쓰인 단어는 무엇인지 2개 골라 ○표를 해 보세요.

주의	수의사	어의	의지
정신을 차리고 특히 조심함	동물의 병을 진찰하고 치료하는 사람	옛날 궁궐에서 왕족을 치료하던 의사	다른 것에 마음을 기대 도움을 받음
( )	( )	( )	( )

끝난 시간 ☐ 시 ☐ 분　1회 분 푸는 데 걸린 시간 ☐ 분　5문제 중 ☐ 개　3번은 정확히 다 써야 정답입니다.　스스로 붙임딱지

📅 공부한 날 [　] 월 [　] 일
⏱ 시작 시간 [　] 시 [　] 분

藥

뜻(훈)	약
소리(음)	약

영어 medicine 약

약

약 약

약 약

[**약 약**은 **병을 고치는 약초**를 나타낸 한자입니다.]

약이라고 읽으며 약, 약초 등의 뜻이 있습니다.

예문 내 치약은 딸기 맛이야.
= 내 이를 닦는 약은 딸기 맛이야.

📖 교과어휘

① **약국**(藥 局) 약을 짓거나 파는 곳 　국어활동 1-1
약 약 판국

② **약사**(藥 師) 약을 짓거나 처방에 따라 약을 파는 사람 　국어 5-1(가)
약 약 스승 사

③ **치약**(齒 藥) 이를 닦는 약 　국어활동 1-1
이 치 약 약

④ **독약**(毒 藥) 생명에 해를 끼치는 독이 든 약
독 독 약 약

⑤ **약초**(藥 草) 약의 효과가 있는 식물 　국어 3-2(가)
약 약 풀 초

⑥ **구급약**(救　急　藥) 응급 상황에서 다친 사람을 치료하는 약
구원할 구 급할 급 약 약

⑦ **농약**(農 藥) 농작물에 해로운 벌레나 잡초를 없애는 약. 또는 농작물의 성장에 도움이 되는 약 　국어 3-1(나)
농사 농 약 약

⑧ **화약**(火 藥) 열이나 전기 등 가벼운 충격에 쉽게 열을 내며 폭발하는 물질 　국어 5-1(가)
불 화 약 약

---

1 다음 한자의 뜻(훈)과 소리(음)를 써 보세요.

藥　　　뜻(훈): _______________　　　소리(음): _______________

2 다음 뜻에 알맞은 단어를 골라 빈칸에 한글로 써 보세요.

[1] 가벼운 충격에 쉽게 열을 내며 폭발하는 물질

① 火藥　　　② 藥師
　　　　　　　　스승 사

[2] 농작물에 해로운 벌레나 잡초를 없애는 약

① 藥草　　　② 農藥

3 다음 약 약 한자를 순서대로 써 보세요.

부수 ⧾⧾ (초두머리, 4획) 획수 총 19획

4 아래 문장에 알맞은 한자를 골라 보세요.

[1] 병원에서 처방전을 받고 약을 사러 (藥局 / 齒藥)에 갔다.

[2] 나는 칫솔에 (藥局 / 齒藥)을 묻혀서 이를 닦는다.

5 다음 낱말 중 藥 약 약 한자가 쓰인 단어는 무엇인지 2개 골라 ○표를 해 보세요.

약사	구급약	절약	약간
약을 짓거나 처방에 따라 약을 파는 사람	응급 상황에서 다친 사람을 치료하는 약	물건을 꼭 필요한 곳에만 사용하고 아껴 씀	많지 않게 조금
( )	( )	( )	( )

끝난 시간 ☐ 시 ☐ 분 1회 분 푸는 데 걸린 시간 ☐ 분  5문제 중 ☐ 개 3번은 정확히 다 써야 정답입니다. 스스로 붙임딱지

📅 공부한 날 [　] 월 [　] 일
⏱ 시작 시간 [　] 시 [　] 분

病

뜻(훈)　병
소리(음)　병

영어　sickness 병

병 병

병 병　병 병

[**병 병**은 **병들어 아파하는 모습**을 나타낸 한자입니다.]

병이라고 읽으며 병, 아프다, 괴로워하다 등의 뜻이 있습니다.

예문 손을 잘 씻으면 병균을 없앨 수 있다.
= 손을 잘 씻으면 병이 생기게 하는 균을 없앨 수 있다.

📖 **교과어휘**

① **병원**(病 院) 병든 사람을 진찰하고 치료하는 곳　국어활동 1-1
　　병 병 집 원
② **병실**(病 室) 병을 치료하기 위해 환자들이 따로 머무는 방　국어 2-1(나)
　　병 병 집 실
③ **병균**(病 菌) 병이 생기게 하는 균
　　병 병 버섯 균
④ **전염병**(傳 染 病) 다른 이들에게 옮는 특성이 강한 병　국어 4·2(나)
　　전할 전 물들 염 병 병
⑤ **동물병원**(動 物 病 院) 동물의 병을 예방하거나 병든 동물을 치료하는 곳　국어활동 4·2
　　움직일 동 물건 물 병 병 집 원
⑥ **문병**(問 病) 아픈 사람에게 가서 위로함
　　물을 문 병 병
⑦ **질병**(疾 病) 몸에 생기는 병　사회 4·1
　　병 질 병 병

1 다음 한자의 뜻(훈)과 소리(음)를 써 보세요.

病　　뜻(훈): ＿＿＿＿＿＿＿＿＿　　소리(음): ＿＿＿＿＿＿＿＿＿

2 다음 뜻에 알맞은 단어를 골라 빈칸에 한글로 써 보세요.

[1] 아픈 사람에게 가서 위로함

①病菌　　②問病
　버섯 균

[2] 병을 치료하기 위해 환자들이 따로 머무는 방

①疾病　　②病室
　병 질

3 다음 **병 병** 한자를 순서대로 써 보세요.

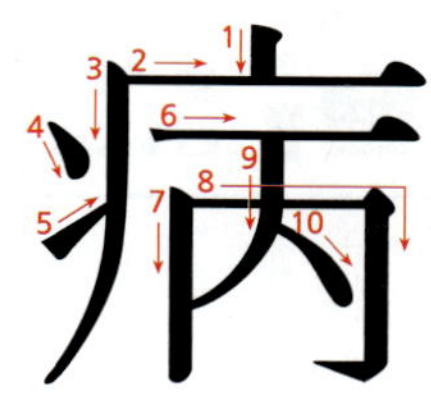

病 病 病 病 病 病 病 病
病 病

부수 疒(병질엄, 5획) 획수 총 10획

1 病 병 병	2 病 병 병	3 病	4 病	5 病	6 病	7 病
8 病	9 病	10 病	11 病	12 病	13	14
15	16	17	18	19	20	21

4 다음 문장 중 빈칸에 들어갈 알맞은 단어를 골라 보세요. .... [ ]

자전거를 타다가 넘어져서 ( )에 갔더니 의사 선생님께서 치료를 해주셨다.

① 병균(病菌) 버섯 균 ② 질병(疾病) 병 질 ③ 병원(病院) 집 원 ④ 전염병(傳染病) 전할 전 물들 염

5 다음 낱말 중 病 **병 병** 한자가 쓰인 단어는 무엇인지 2개 골라 ○표를 해 보세요.

동물병원	전염병	병정	해병대
동물의 병을 예방하거나 병든 동물을 치료하는 곳	다른 이들에게 옮는 특성이 강한 병	장군 밑의 군사들	바다와 육지 둘 다에서 전투를 할 수 있는 부대
( )	( )	( )	( )

10주

48회

정답 136쪽

끝난 시간 [ ]시 [ ]분 1회 분 푸는 데 걸린 시간 [ ]분 5문제 중 [ ]개 3번은 정확히 다 써야 정답입니다. 스스로 붙임딱지

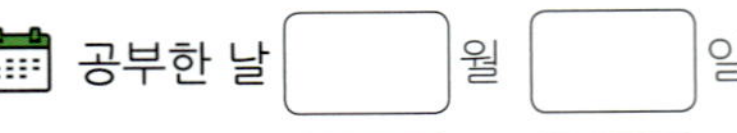

死

뜻(훈) 죽을
소리(음) 사
영어 die 죽다

[**죽을 사**는 **죽음을 슬퍼하고 있는 모습**을 나타낸 한자입니다.]

사라고 읽으며 죽다, 목숨이 다하다 등의 뜻이 있습니다.

예문 술래에게 잡히지 않기 위해 **필사적**으로 도망쳤다.
= 술래에게 잡히지 않기 위해 **죽을 힘을 다하여** 도망쳤다.

📖 교과어휘

① **사망**(死 亡) 생명이 다함 〔국어 5-1(가)〕
　죽을 사 망할 망

② **사망자**(死 亡 者) 죽은 사람 〔국어 5-1(가)〕
　죽을 사 망할 망 놈 자

③ **저승사자**(저승 死 者) 사람이 죽으면 저승으로 데리고 가는 심부름꾼 〔사회 3-1〕
　죽을 사 놈 자

④ **불사조**(不 死 鳥) 이집트 신화에 나오는 죽지 않는 새
　아닐 불 죽을 사 새 조

⑤ **불사신**(不 死 身) 죽지 않는 몸
　아닐 불 죽을 사 몸 신

⑥ **생사**(生 死) 삶과 죽음
　날 생 죽을 사

⑦ **필사적**(必 死 的) 죽을 각오로 온 힘을 다하여
　반드시 필 죽을 사 과녁 적

⑧ **사색**(死 色) 창백하게 질린 얼굴빛
　죽을 사 빛 색

1 다음 한자의 뜻(훈)과 소리(음)를 써 보세요.

死　　뜻(훈): ＿＿＿＿＿＿＿＿　　소리(음): ＿＿＿＿＿＿＿＿

2 다음 뜻에 알맞은 단어를 골라 빈칸에 한글로 써 보세요.

[1] 생명이 다함

　① 死亡　　② 生死
　　망할 망

[2] 죽지 않는 몸

　① 不死身　② 必死的
　　　　　　반드시 필　과녁 적

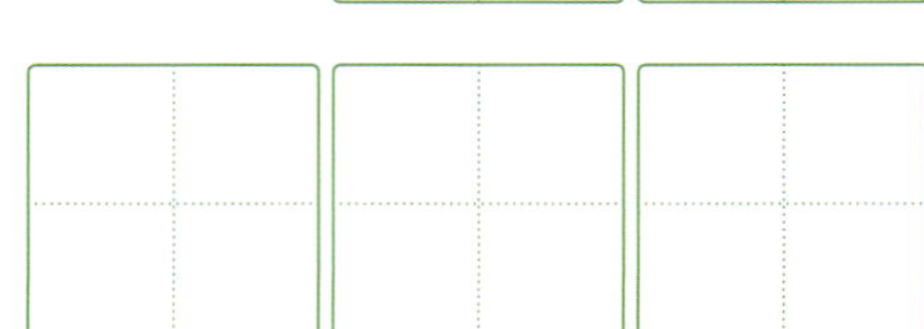

3 다음 **죽을 사** 한자를 순서대로 써 보세요.

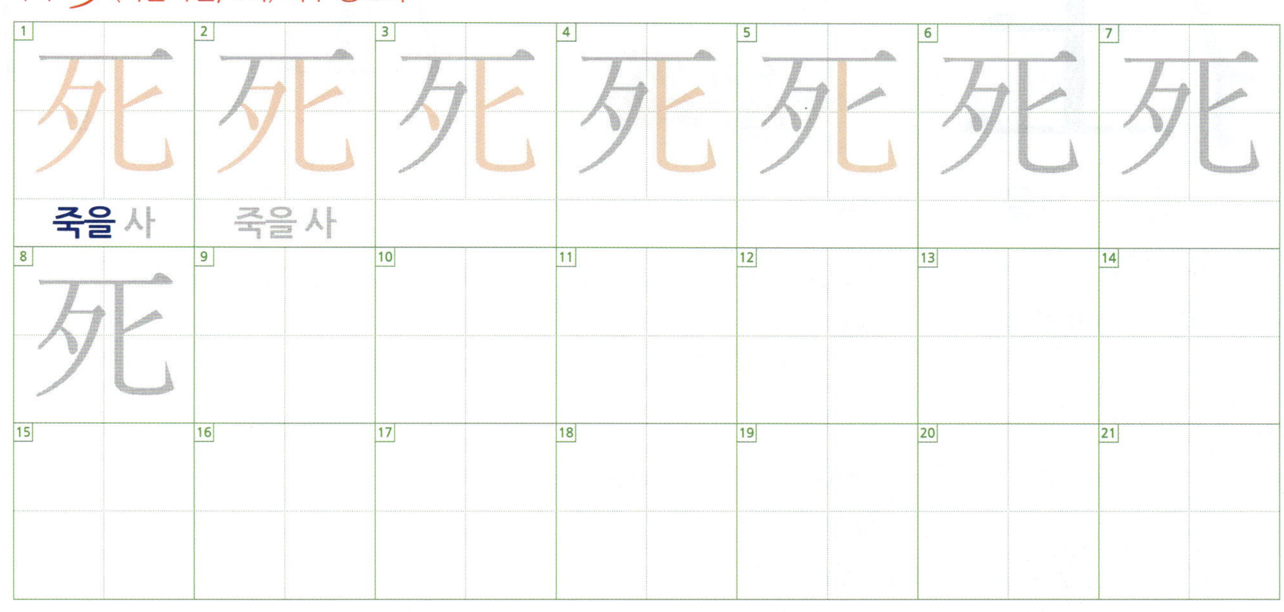

부수 *歹*(죽을사변, 4획) 획수 총 6획

1 死	2 死	3 死	4 死	5 死	6 死	7 死
죽을 사	죽을 사					
8 死	9	10	11	12	13	14
15	16	17	18	19	20	21

4 다음 문장 중 빈칸에 들어갈 알맞은 단어를 골라 보세요. ······································ [   ]

> 셋째 돼지에게 혼쭐이 난 늑대는 (   )이/가 되어 멀리멀리 도망갔다.

① 사망자（死亡者）　　　② 불사조（不死鳥）　　　③ 사색（死色）
　　　　　망할 망　　　　　　　　　　새 조

5 다음 낱말 중 死 **죽을 사** 한자가 쓰인 단어는 무엇인지 2개 골라 ○표를 해 보세요.

사촌	저승사자	변호사	생사
부모님의 형제자매의 자식들	사람이 죽으면 저승으로 데리고 가는 심부름꾼	법률 자격을 가지고 대신 변호해주는 사람	삶과 죽음
( )	( )	( )	( )

끝난 시간 ☐ 시 ☐ 분　1회 분 푸는 데 걸린 시간 ☐ 분　5문제 중 ☐ 개　3번은 정확히 다 써야 정답입니다.　스스로 붙임딱지

공부한 날 [ ] 월 [ ] 일
시작 시간 [ ] 시 [ ] 분

注

붓다

부을 주　注

부을 주

뜻(훈)　부을
소리(음)　주
영어　pour 붓다

[**부을 주**는 **물을 붓는 모습**을 나타낸 한자입니다.]

주라고 읽으며 물을 대다, 붓다, 따르다 등의 뜻이 있습니다.

예문 이 동굴은 천장이 낮으니, 주의하세요!
= 이 동굴은 천장이 낮으니, 특히 조심하세요!

📖 교과어휘

① **주**사기(注 射 器) 바늘을 이용하여 약물을 주입하는 기구 _{가을 2-2}
　부을 주 쏠 사 그릇 기
② **주**유소(注 油 所) 차에 기름을 넣어주는 곳 _{사회 3-1}
　부을 주 기름 유 바 소
③ **주**목(注 目) 관심을 갖고 보거나 살핌 _{국어활동 4-2}
　부을 주 눈 목
④ **주**의(注 意) 정신을 차리고 특히 조심함. 또는 그러도록 하는 경고 _{국어 1-1(나)}
　부을 주 뜻 의
⑤ **부주**의(不 注 意) 주의하지 않음 _{국어 4-2(나)}
　아닐 부 부을 주 뜻 의
⑥ **주**문(注 文) 어떻게 해달라고 요구함. 또는 음식점에서 음식을 시킴 _{국어활동 1-1}
　부을 주 글월 문
⑦ **폭주**(暴 注) 어떤 일이 한꺼번에 너무 많이 몰림
　사나울 폭 부을 주

1 다음 한자의 뜻(훈)과 소리(음)를 써 보세요.

注　뜻(훈): ＿＿＿＿＿＿＿＿＿　소리(음): ＿＿＿＿＿＿＿＿＿

2 다음 뜻에 알맞은 단어를 골라 빈칸에 한글로 써 보세요.

[1] 주의하지 않음

① 不注意　② 注射器
　　　　　쏠 사 그릇 기

[2] 정신을 차리고 특히 조심함

① 注意　② 注目

3 다음 **부을 주** 한자를 순서대로 써 보세요.

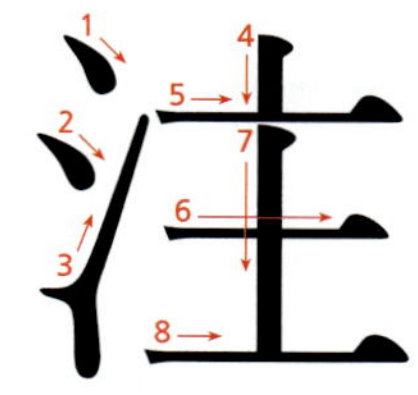

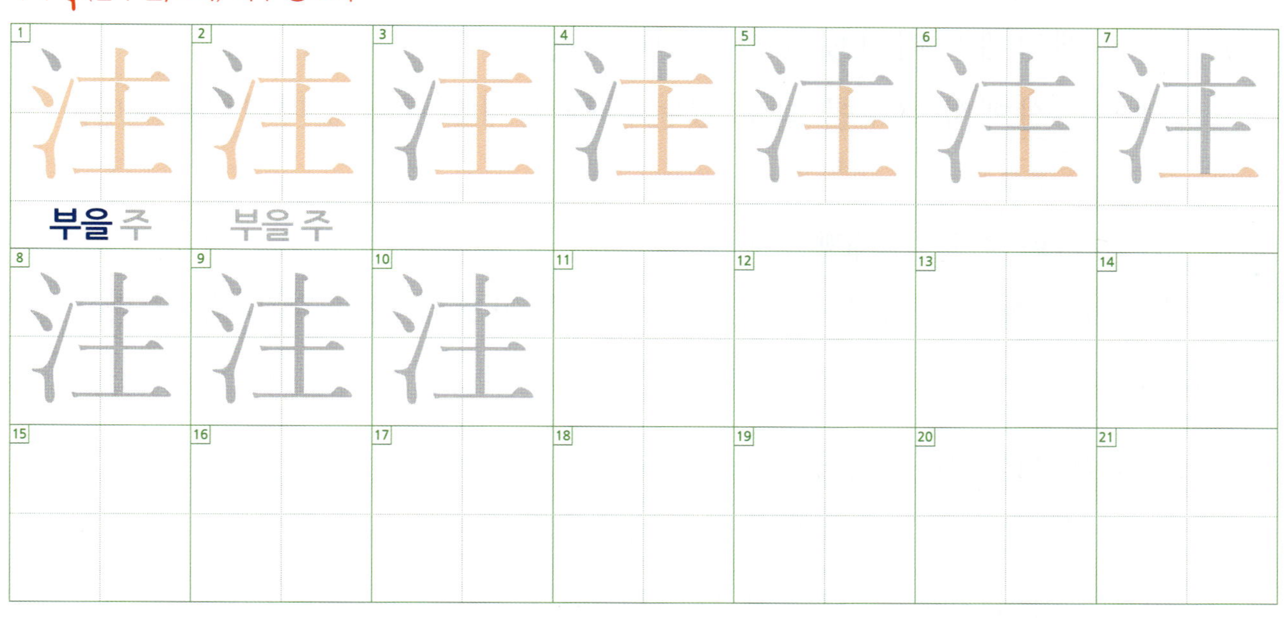

부수 氵(삼수변, 3획) 획수 총 8획

1	2	3	4	5	6	7
注	注	注	注	注	注	注
부을 주	부을 주					
8	9	10	11	12	13	14
注	注	注				
15	16	17	18	19	20	21

4 다음 문장 중 빈칸에 들어갈 알맞은 단어를 골라 보세요. ·· [   ]

> 자동차와 오토바이는 (   )에서 기름을 채우거나 세차를 한다.

① 주문(注文)　　　　② 주유소(注油所)　　　　③ 폭주(暴注)
사나울 폭

5 다음 낱말 중 注 **부을 주** 한자가 쓰인 단어는 무엇인지 2개 골라 ○표를 해 보세요.

주장	주사기	주목	주제
자신의 생각이나 의견을 굳게 내세움	바늘을 이용하여 약물을 주입하는 기구	관심을 갖고 보거나 살핌	중심이 되는 문제나 생각
( )	( )	( )	( )

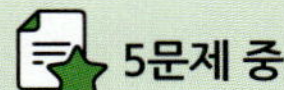

끝난 시간 　시 　분 **1회 분 푸는 데 걸린 시간** 　분 　**5문제 중** 　개 　3번은 정확히 다 써야 정답입니다.　스스로 붙임딱지

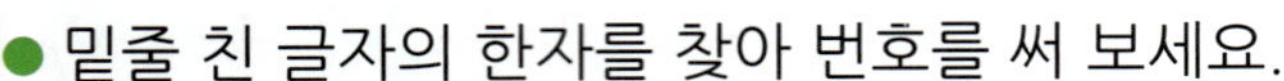

● 밑줄 친 글자의 한자를 찾아 번호를 써 보세요.

효자 호랑이

옛날 옛적에 어머니를 모시고 사는 아들이 있었습니다.

하루는 **산**에서 나무를 하고 있던 아들 앞에 호랑이가 나타났습니다.
[2]

깜짝 놀란 아들은 재빨리 머리를 써서 호랑이 **앞**에 엎드리며 말했습니다.

"아이고 형님, 어렸을 적에 산에 갔다 돌아오지 않아 **죽은** 줄로 알고 있었습니다.

그런데 **어제** 제 꿈속에 형님이 나타나 호랑이로 변했다고 말했습니다."

호랑이는 아들의 거짓말에 속아 넘어가서 말했습니다.

"네가 **어머니**를 잘 보살펴 드리렴. 나는 이 몸 때문에 집에 돌아갈 수가 없구나."

그 후로 호랑이는 며칠마다 몰래 찾아와 마당에 땔감을 **부어**놓고 가기도 했고, 어머니가

병에 걸리자 **약**이 되는 풀과 동물을 가져다

놓기도 했습니다. 아들은 크게 감동하여 호랑이의 이야기를 세상에 널리 널리 알렸습니다.

보기

① 藥 ② 山 (메 산) ③ 死 ④ 注 ⑤ 昨 ⑥ 前 ⑦ 病 ⑧ 母

1주차 정답

01회
본문 08쪽

1 뜻(훈): **돌이킬**   소리(음): **반**

2 [1] 반성   [2] 반칙

4 **反對** (반대)

5 반장 | 한반도 | (찬반) | (반응)

班 나눌 반 **長** 길 장, **韓** 한국 한 **半** 반 반 **島** 섬 도

02회
본문 10쪽

1 뜻(훈): **대할**   소리(음): **대**

2 [1] 정반대   [2] 대화

4 대답

5 (대응) | 확대 | (절대) | 대학생

擴 넓힐 확 **大** 큰 대, **大** 큰 대 **學** 배울 학 **生** 날 생

03회
본문 12쪽

1 뜻(훈): **살필**   소리(음): **성**

2 [1] 반성문   [2] 반성

4 ③

5 (내성적) | 성격 | (귀성) | 완성

性 성품 성 **格** 격식 격, **完** 완전할 완 **成** 이룰 성

04회
본문 14쪽

1 뜻(훈): **사귈**   소리(음): **교**

2 [1] 교대   [2] 교향악

4 ③

5 (대중교통) | 교사 | 교실 | (물물교환)

敎 가르칠 교 **師** 스승 사, **敎** 가르칠 교 **室** 집 실

05회
본문 16쪽

1 뜻(훈): **느낄**   소리(음): **감**

2 [1] 감정   [2] 감동

4 ④

5 (책임감) | 감소 | (감각) | 영화감독

減 덜 감 **少** 적을 소, **映** 비출 영 **畫** 그림 화 **監** 볼 감 **督** 감독할 독

복습해보기
본문 18쪽

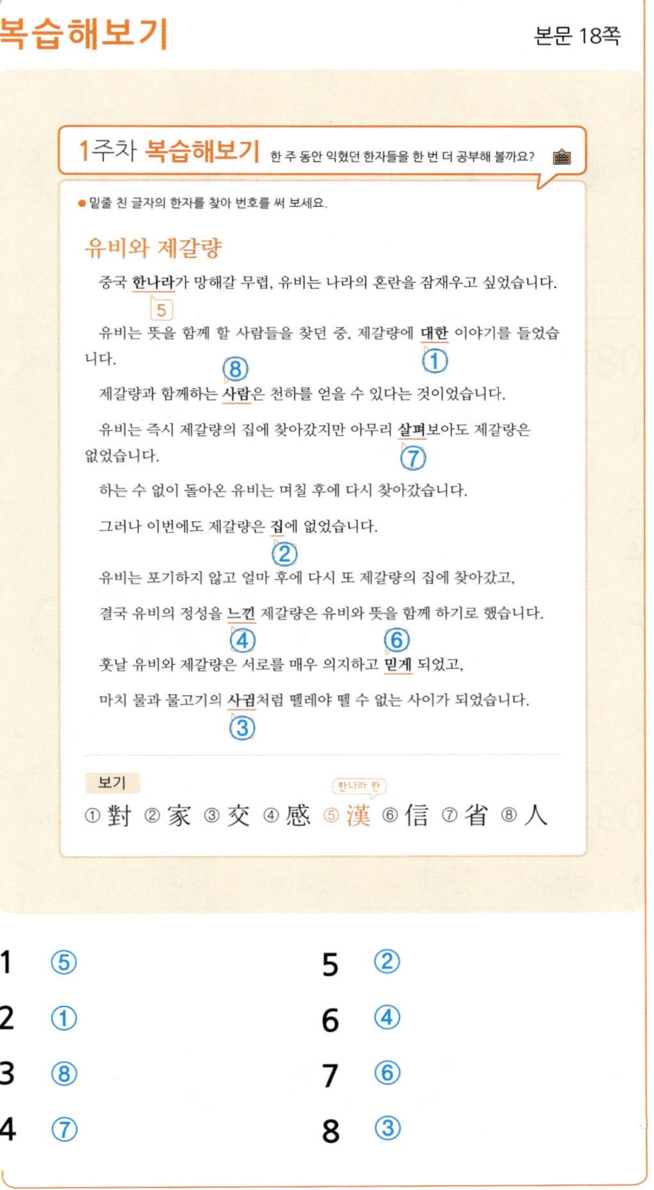

1주차 복습해보기
한 주 동안 익혔던 한자들을 한 번 더 공부해 볼까요?

● 밑줄 친 글자의 한자를 찾아 번호를 써 보세요.

유비와 제갈량

중국 **한나라**가 망해갈 무렵, 유비는 나라의 혼란을 잠재우고 싶었습니다. [5]

유비는 뜻을 함께 할 사람들을 찾던 중, 제갈량에 **대한** 이야기를 들었습니다. [8] ①

제갈량과 함께하는 **사람**은 천하를 얻을 수 있다는 것이었습니다. [8]

유비는 즉시 제갈량의 집에 찾아갔지만 아무리 **살펴**보아도 제갈량은 없었습니다. [7]

하는 수 없이 돌아온 유비는 며칠 후에 다시 찾아갔습니다.

그러나 이번에도 제갈량은 **집**에 없었습니다. [2]

유비는 포기하지 않고 얼마 후에 다시 또 제갈량의 집에 찾아갔고,

결국 유비의 정성을 **느낀** 제갈량은 유비와 뜻을 함께 하기로 했습니다. ④ ⑥

훗날 유비와 제갈량은 서로를 매우 의지하고 **믿게** 되었고,

마치 물과 물고기의 **사귐**처럼 뗄레야 뗄 수 없는 사이가 되었습니다. ③

보기

① 對 ② 家 ③ 交 ④ 感 ⑤ 漢 ⑥ 信 ⑦ 省 ⑧ 人

1 ⑤		5 ②	
2 ①		6 ④	
3 ⑧		7 ⑥	
4 ⑦		8 ③	

2주차 정답

06회　　본문 20쪽

1 뜻(훈): 누를　　소리(음): 황

2 [1] 황금색　[2] 황토

4 黃金 (황금)

5 옥황상제 / (주황색) / (황갈색) / 황홀

玉 구슬 옥　皇 임금 황　上 윗 상　帝 임금 제, 恍 황홀할 황　惚 황홀할 홀

07회　　본문 22쪽

1 뜻(훈): 맑을　　소리(음): 청

2 [1] 청렴　[2] 충청도

4 ①

5 (청순) / 시청 / 보청기 / (청결)

市 저자 시　廳 관청 청, 補 도울 보　聽 들을 청　器 그릇 기

08회　　본문 24쪽

1 뜻(훈): 푸를　　소리(음): 록

2 [1] 녹지　[2] 청록색

4 초록색

5 기록 / 등록 / (녹차) / (연초록)

記 기록할 기　錄 기록할 록, 登 오를 등　錄 기록할 록

09회　　본문 26쪽

1 뜻(훈): 실과　　소리(음): 과

2 [1] 과연　[2] 과즙

4 ③

5 과정 / (결과) / (과수원) / 과거

過 지날 과　程 한도 정, 過 지날 과　去 갈 거

10회　　본문 28쪽

1 뜻(훈): 나무　　소리(음): 수

2 [1] 수목원　[2] 정원수

4 ① 根, ② 樹 (限 한할 한, 枷 칼 가)

5 (야자수) / 수염 / 생수 / (계수나무)

鬚 수염 수　髥 구렛나루 염, 生 날 생　水 물 수

복습해보기　　본문 30쪽

1 ①

2 ②

3 ②

4 ②

5 ①

3주차 정답

11회
본문 32쪽

1 뜻(훈): **열** 소리(음): **개**

2 [1] **개학** [2] **개천절**

4 **②**

5 | 개인 | **개발** | **공개** | 대개 |

個 낱 **개** **人** 사람 **인**

12회
본문 34쪽

1 뜻(훈): **놓을** 소리(음): **방**

2 [1] **방학** [2] **개방**

4 **放心** (방심)

5 | 방방곡곡 | **방과후** | 주방 | **해방감** |

坊 동네 **방** **坊** 동네 **방** **曲** 굽을 **곡** **曲** 굽을 **곡**, **廚** 부엌 **주** **房** 방 **방**

13회
본문 36쪽

1 뜻(훈): **통할** 소리(음): **통**

2 [1] **통화** [2] **통과**

4 **통로**

5 | 대통령 | 통일 | **통역** | **통신수단** |

大 큰 **대** **統** 거느릴 **통** **領** 거느릴 **령**, **統** 거느릴 **통** **一** 한 **일**

14회
본문 38쪽

1 뜻(훈): **길** 소리(음): **로**

2 [1] **도로** [2] **등산로**

4 **②**

5 | 경로당 | 불로초 | **미로** | **가로등** |

敬 공경 **경** **老** 늙을 **로** **堂** 집 **당**, **不** 아닐 **불** **老** 늙을 **로** **草** 풀 **초**

15회
본문 40쪽

1 뜻(훈): **고을** 소리(음): **군**

2 [1] **군립** [2] **군민**

4 ① **古**, ② **郡**, ③ **開** (吉 길할 길, 群 무리 군)

5 | **시군구** | 군인 | 해군 | **군청** |

軍 군사 **군** **人** 사람 **인**, **海** 바다 **해** **軍** 군사 **군**

복습해보기
본문 42쪽

1	③	5	⑦
2	⑤	6	②
3	①	7	④
4	⑧	8	⑥

4주차 정답

16회 본문 44쪽

1 뜻(훈): 필   소리(음): 발

2 [1] 출발   [2] 발전

4 ③

5 (폭발) (발견) 가발 단발

假 거짓 가 **髮** 터럭 발, **短** 짧을 단 **髮** 터럭 발

17회 본문 46쪽

1 뜻(훈): 겉   소리(음): 표

2 [1] 시간표   [2] 발표

4 ②

5 목표 표준어 (표현) (표면)

目 눈 목 **標** 표할 표, **標** 표할 표 **準** 준할 준 **語** 말씀 어

18회 본문 48쪽

1 뜻(훈): 모을   소리(음): 집

2 [1] 시집   [2] 모집

4 ①

5 집착 (채집) 고집 (문제집)

執 잡을 집 **着** 붙을 착, **固** 굳을 고 **執** 잡을 집

19회 본문 50쪽

1 뜻(훈): 셀   소리(음): 계

2 [1] 계획   [2] 체중계

4 時計 (시계)

5 세계 (체온계) (설계) 계단

世 인간 세 **界** 지경 계, **階** 섬돌 계 **段** 층계 단

20회 본문 52쪽

1 뜻(훈): 지경   소리(음): 계

2 [1] 한계   [2] 세계적

4 外界人 (외계인)

5 계산기 (세계) (세계일주) 계절

計 셀 계 **算** 셈 산 **器** 그릇 기, **季** 계절 계 **節** 마디 절

복습해보기 본문 54쪽

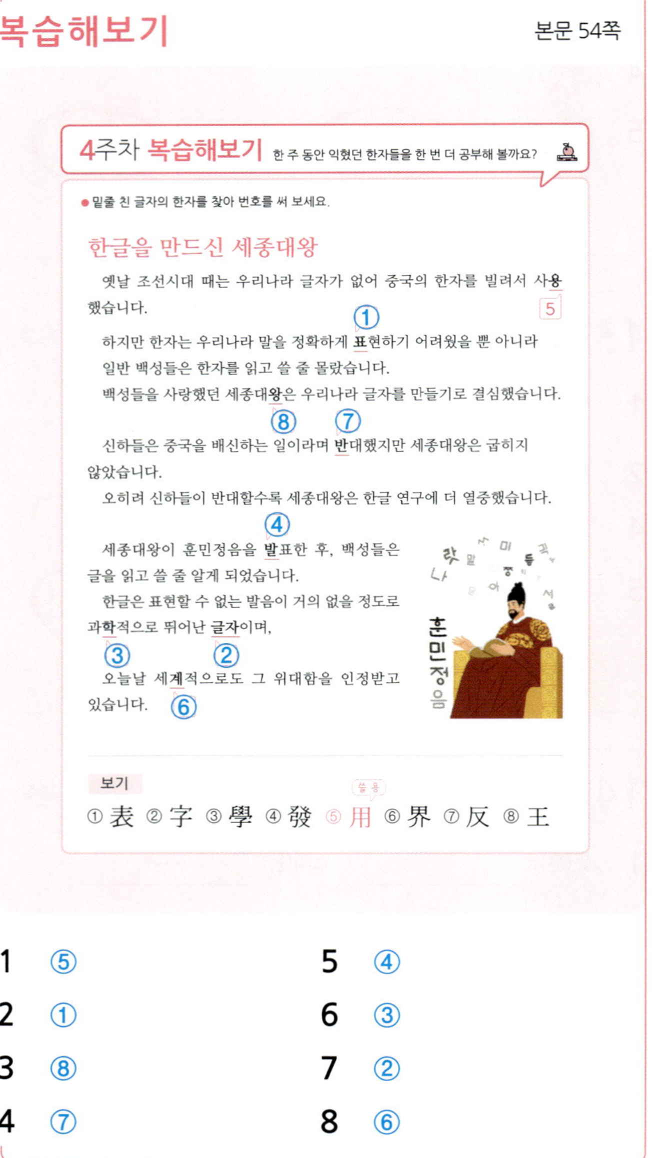

1 ⑤   5 ④

2 ①   6 ③

3 ⑧   7 ②

4 ⑦   8 ⑥

5주차 정답

21회 본문 56쪽

1 뜻(훈): 새   소리(음): 신

2 [1] 신입생   [2] 최신

4 ① 足, ② 大, ③ 新 (是 이 시, 薪 섶 신)

5 삼신할미 / **신부** / 변신 / **신기록**

三 석 삼 神 귀신 신, 變 변할 변 身 몸 신

22회 본문 58쪽

1 뜻(훈): 들을   소리(음): 문

2 [1] 견문   [2] 신문기자

4 소문

5 **신문지** / 문어 / **금시초문** / 대문

文 글월 문 魚 물고기 어, 大 큰 대 門 문 문

23회 본문 60쪽

1 뜻(훈): 읽을   소리(음): 독

2 [1] 독자   [2] 필독서

4 독서

5 독일 / **낭독** / **독서록** / 단독

獨 홀로 독 逸 편안할 일, 單 홑 단 獨 홀로 독

24회 본문 62쪽

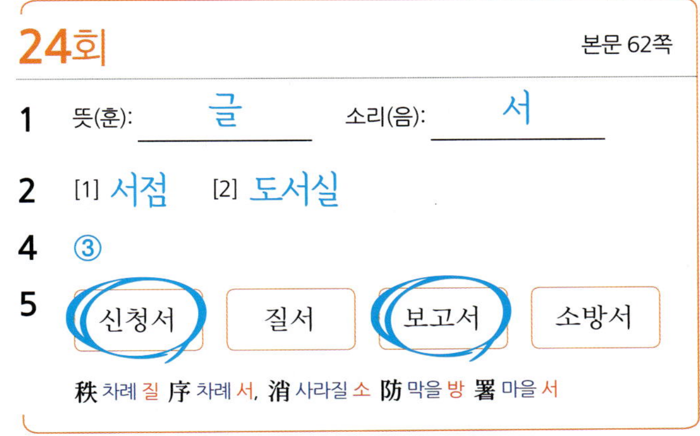

1 뜻(훈): 글   소리(음): 서

2 [1] 서점   [2] 도서실

4 ③

5 **신청서** / 질서 / **보고서** / 소방서

秩 차례 질 序 차례 서, 消 사라질 소 防 막을 방 署 마을 서

25회 본문 64쪽

1 뜻(훈): 익힐   소리(음): 습

2 [1] 자습   [2] 학습

4 ②

5 **연습** / 습기 / **학습지** / 기습

濕 축축할 습 氣 기운 기, 奇 기특할 기 襲 엄습할 습

복습해보기 본문 66쪽

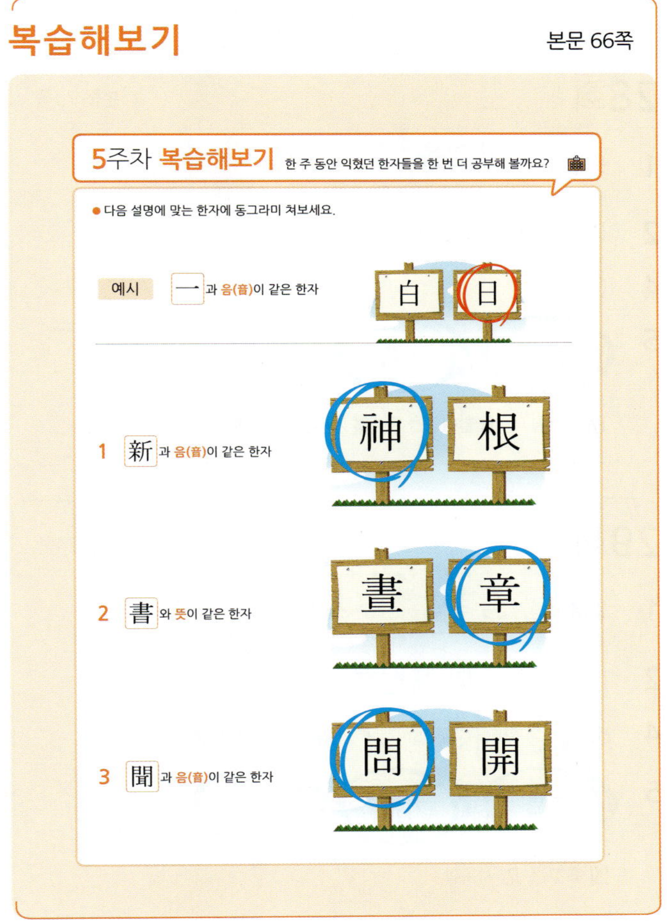

6주차 정답

26회

1 뜻(훈): 싸움   소리(음): 전

2 [1] 전사   [2] 전쟁

4 作戰(작전)

5 오전 (예선전) (결승전) 완전

午 낮 오 前 앞 전, 完 완전할 완 全 온전 전

27회

1 뜻(훈): 이길   소리(음): 승

2 [1] 승패   [2] 승자

4 勝利(승리)

5 승려 (백전백승) 정승 (결승선)

僧 중 승 侶 짝 려, 政 정사 정 丞 정승 승

28회

1 뜻(훈): 이로울   소리(음): 리

2 [1] 이용   [2] 편리

4 ②

5 (권리) (이득) 이유 정리

理 다스릴 이 由 말미암을 유, 整 가지런할 정 理 다스릴 리

29회

1 뜻(훈): 특별할   소리(음): 특

2 [1] 특정   [2] 특산물

4 ① 銀 ② 特 ③ 才 (鏡 거울 경, 材 재목 재)

5 (독특) (기특) (특징) 흉특

凶 흉할 흉 慝 사특할 특

30회

1 뜻(훈): 다를   소리(음): 별

2 [1] 별명   [2] 성별

4 [1] 離別(이별) [2] 別名(별명)

5 (작별) 별주부전 별안간 (구별)

鼈 자라 별 主 주인 주 簿 문서 부 傳 전할 전,
瞥 깜짝할 별 眼 눈 안 間 사이 간

복습해보기

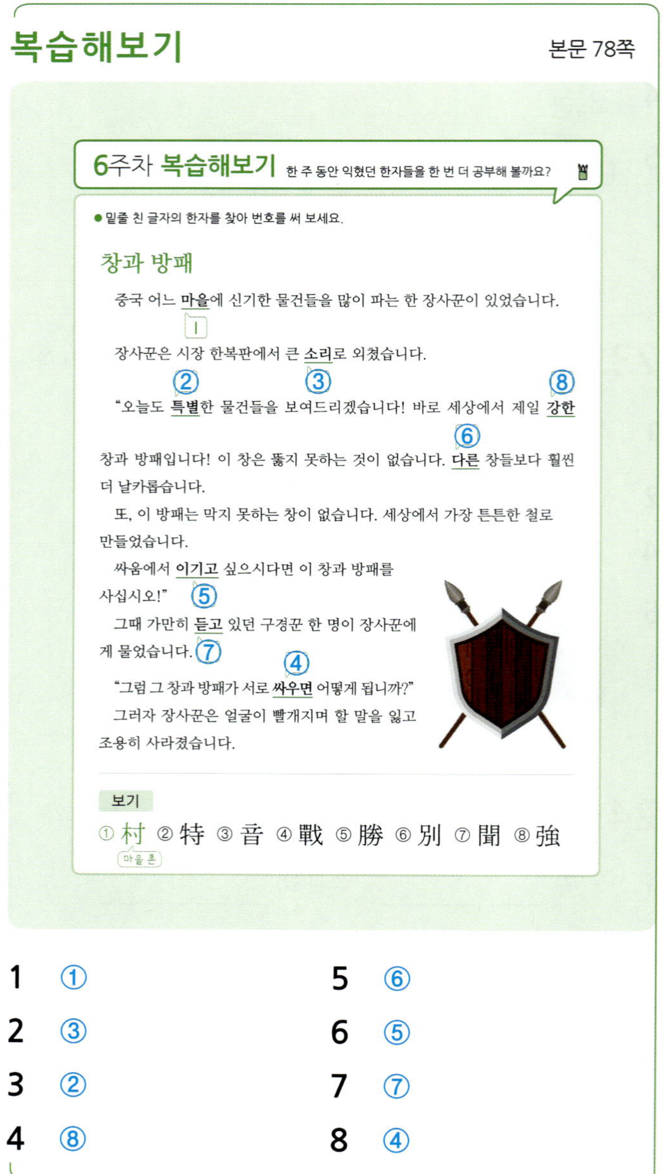

6주차 복습해보기
한 주 동안 익혔던 한자들을 한 번 더 공부해 볼까요?

● 밑줄 친 글자의 한자를 찾아 번호를 써 보세요.

창과 방패

중국 어느 **마을**에 신기한 물건들을 많이 파는 한 장사꾼이 있었습니다.
①

장사꾼은 시장 한복판에서 큰 **소리**로 외쳤습니다.
② ③ ⑧

"오늘도 **특별**한 물건들을 보여드리겠습니다! 바로 세상에서 제일 **강한**
⑥

창과 방패입니다! 이 창은 뚫지 못하는 것이 없습니다. **다른** 창들보다 훨씬
더 날카롭습니다.

또, 이 방패는 막지 못하는 창이 없습니다. 세상에서 가장 튼튼한 철로
만들었습니다.

싸움에서 **이기고** 싶으시다면 이 창과 방패를
사십시오!" ⑤

그때 가만히 듣고 있던 구경꾼 한 명이 장사꾼에
게 물었습니다. ⑦   ④

"그럼 그 창과 방패가 서로 **싸우면** 어떻게 됩니까?"

그러자 장사꾼은 얼굴이 빨개지며 할 말을 잃고
조용히 사라졌습니다.

보기

① 村 (마을 촌) ② 特 ③ 音 ④ 戰 ⑤ 勝 ⑥ 別 ⑦ 聞 ⑧ 強

1	①	5	⑥
2	③	6	⑤
3	②	7	⑦
4	⑧	8	④

7주차 정답

31회 본문 80쪽

1 뜻(훈): 화할 소리(음): 화
2 [1] 온화 [2] 화음
4 화해
5 **화목** | 화장실 | 백화점 | **화창**

化 될 화 粧 단장할 장 室 집 실, 百 일백 백 貨 재물 화 店 가게 점

32회 본문 82쪽

1 뜻(훈): 합할 소리(음): 합
2 [1] 합주 [2] 적합
4 ①
5 **국제연합** | 홍합 | 대합 | **시합**

紅 붉을 홍 蛤 대합조개 합, 大 큰 대 蛤 대합조개 합

33회 본문 84쪽

1 뜻(훈): 사랑 소리(음): 애
2 [1] 우애 [2] 애국심
4 ③
5 **애정** | 애걸복걸 | 생애 | **애교**

哀 슬플 애 乞 빌 걸 伏 엎드릴 복 乞 빌 걸, 生 날 생 涯 물가 애

34회 본문 86쪽

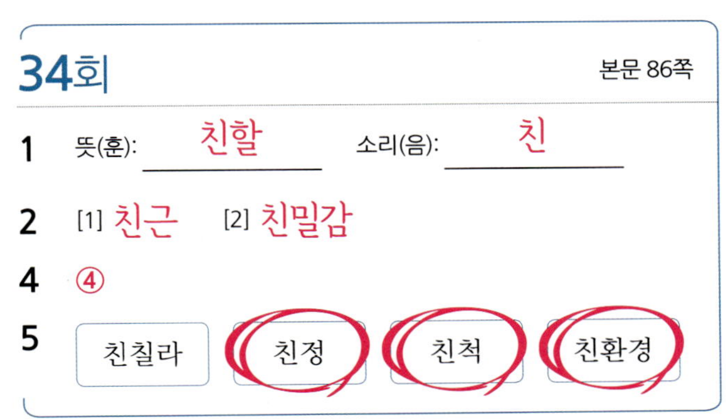

1 뜻(훈): 친할 소리(음): 친
2 [1] 친근 [2] 친밀감
4 ④
5 친칠라 | **친정** | **친척** | **친환경**

35회 본문 88쪽

1 뜻(훈): 겨레 소리(음): 족
2 [1] 민족 [2] 가족
4 ②
5 **귀족** | 만족 | 부족 | **수족관**

滿 찰 만 足 발 족, 不 아닐 부 足 발 족

복습해보기 본문 90쪽

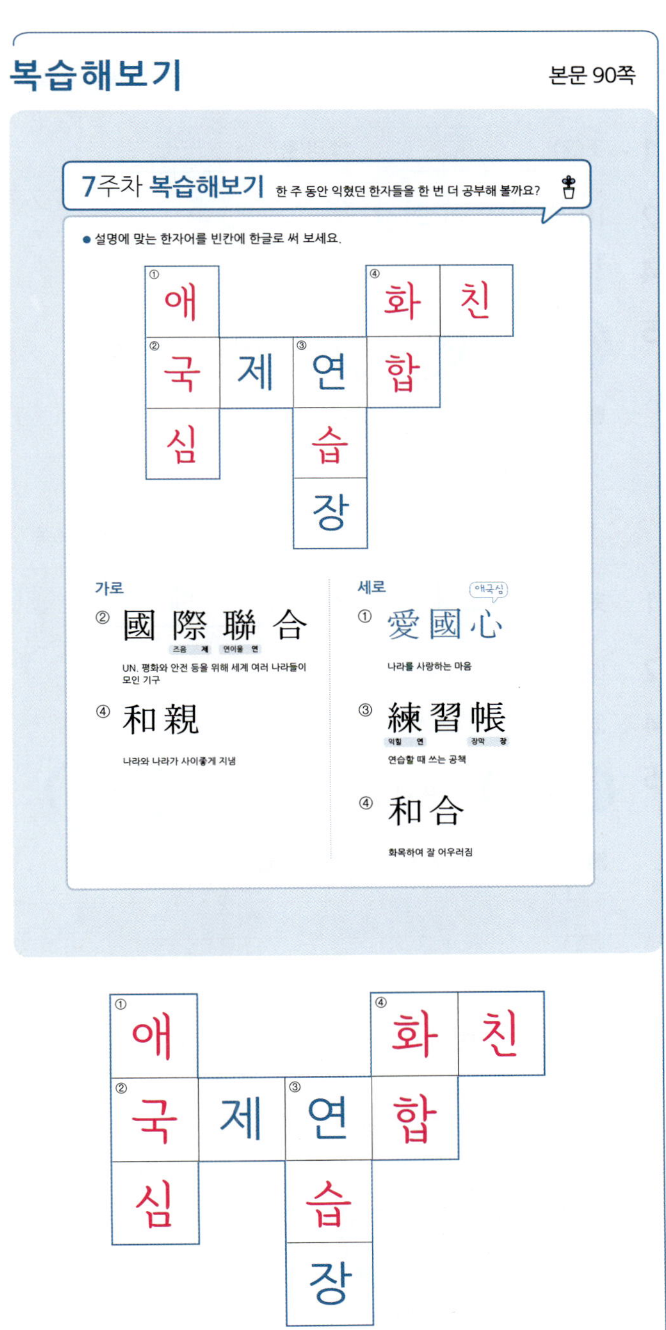

7주차 복습해보기 한 주 동안 익혔던 한자들을 한 번 더 공부해 볼까요?

● 설명에 맞는 한자어를 빈칸에 한글로 써 보세요.

	애			화	친
국	제	연		합	
심		습			
		장			

가로
② 國際聯合 나라 제 연이을 연
UN. 평화와 안전 등을 위해 세계 여러 나라들이 모인 기구
④ 和親
나라와 나라가 사이좋게 지냄

세로
① 愛國心 (애국심)
나라를 사랑하는 마음
③ 練習帳 익힐 련 익힐 습 장부 장
연습할 때 쓰는 공책
④ 和合
화목하여 잘 어우러짐

8주차 정답

36회   본문 92쪽

1 뜻(훈): 예도   소리(음): 례

2 [1] 경례   [2] 예식장

4 禮意(예의)

5 예습 | **예절** | 예상 | **혼례식**

豫 미리 예 習 익힐 습, 豫 미리 예 想 생각 상

37회   본문 94쪽

1 뜻(훈): 뜻   소리(음): 의

2 [1] 의외   [2] 의견

4 同意(동의)

5 **의도** | **의사소통** | 의사 | 의심

醫 의원 의 師 스승 사, 疑 의심할 의 心 마음 심

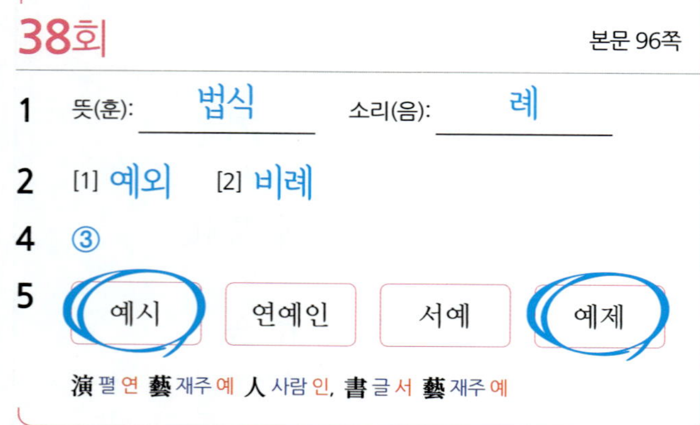

38회   본문 96쪽

1 뜻(훈): 법식   소리(음): 례

2 [1] 예외   [2] 비례

4 ③

5 **예시** | 연예인 | 서예 | **예제**

演 펼 연 藝 재주 예 人 사람 인, 書 글 서 藝 재주 예

39회   본문 98쪽

1 뜻(훈): 법   소리(음): 식

2 [1] 정식   [2] 현대식

4 입학식

5 **서양식** | **결혼식** | 동식물 | 상식

動 움직일 동 植 심을 식 物 물건 물, 常 항상 상 識 알 식

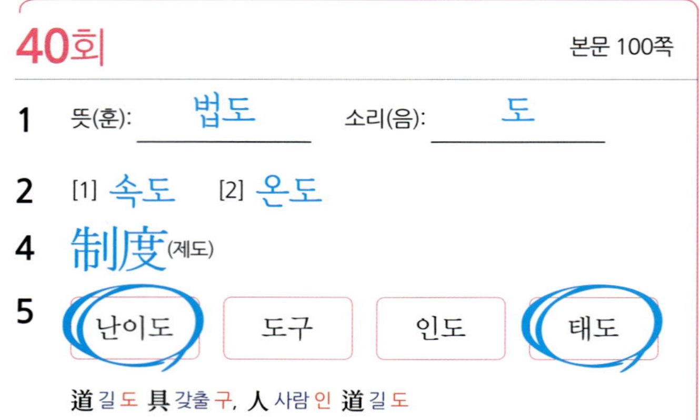

40회   본문 100쪽

1 뜻(훈): 법도   소리(음): 도

2 [1] 속도   [2] 온도

4 制度(제도)

5 **난이도** | 도구 | 인도 | **태도**

道 길 도 具 갖출 구, 人 사람 인 道 길 도

복습해보기   본문 102쪽

9주차 정답

41회
본문 104쪽

1 뜻(훈): 과목   소리(음): 과

2 [1] 학과   [2] 과목

4 과학

5 

木 나무 목   瓜 오이 과(본래 발음은 모과),   誇 자랑할 과   張 베풀 장

42회
본문 106쪽

1 뜻(훈): 제목   소리(음): 제

2 [1] 주제   [2] 제목

4 문제

5 

兄 형 형   弟 아우 제,   弟 아우 제   子 아들 자

43회
본문 108쪽

1 뜻(훈): 차례   소리(음): 번

2 [1] 당번   [2] 번호

4 ③

5 

繁 번성할 번   殖 불릴 식   期 기약할 기,   頻 자주 빈   繁 번성할 번

44회
본문 110쪽

1 뜻(훈): 이름   소리(음): 호

2 [1] 신호   [2] 기호

4 ③

5 

湖 호수 호   水 물 수,   好 좋을 호   奇 기특할 기   心 마음 심

45회
본문 112쪽

1 뜻(훈): 차례   소리(음): 제

2 [1] 제일   [2] 안전제일

4 ①

5 

祝 빌 축   祭 제사 제,   祭 제사 제   祀 제사 사

복습해보기
본문 114쪽

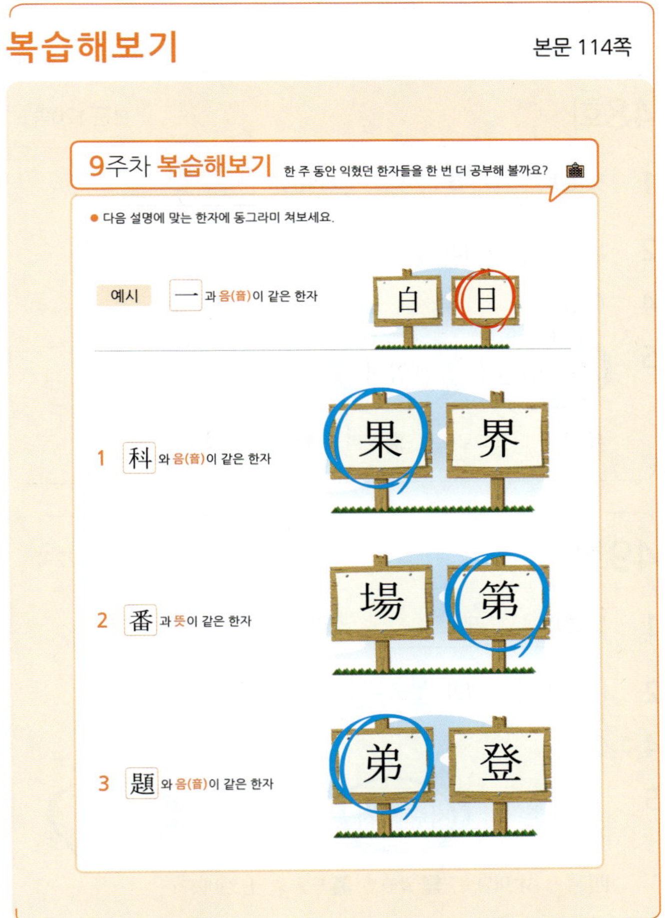

10주차 정답

46회

본문 116쪽

1 뜻(훈): 의원 소리(음): 의

2 [1] 한의사 [2] 명의

4 ① 醫, ② 飮, ③ 話 (病 병 병, 飾 꾸밀 식)

5 주의 / **수의사** / **어의** / 의지

注 부을 주 意 뜻 의, 意 뜻 의 志 뜻 지

47회

본문 118쪽

1 뜻(훈): 약 소리(음): 약

2 [1] 화약 [2] 농약

4 [1] 藥局(약국) [2] 齒藥(치약)

5 **약사** / **구급약** / 절약 / 약간

節 마디 절 約 맺을 약, 若 같을 약 干 방패 간

48회

본문 120쪽

1 뜻(훈): 병 소리(음): 병

2 [1] 문병 [2] 병실

4 ③

5 **동물병원** / **전염병** / 병정 / 해병대

兵 병사 병 丁 고무래 정, 海 바다 해 兵 병사 병 隊 무리 대

49회

본문 122쪽

1 뜻(훈): 죽을 소리(음): 사

2 [1] 사망 [2] 불사신

4 ③

5 사촌 / **저승사자** / 변호사 / **생사**

四 넉 사 寸 마디 촌, 辯 말씀 변 護 도울 호 士 선비 사

50회

본문 124쪽

1 뜻(훈): 부을 소리(음): 주

2 [1] 부주의 [2] 주의

4 ②

5 주장 / **주사기** / **주목** / 주제

主 주인 주 張 베풀 장, 主 주인 주 題 제목 제

복습해보기

본문 126쪽

10주차 복습해보기 한 주 동안 익혔던 한자들을 한 번 더 공부해 볼까요?

● 밑줄 친 글자의 한자를 찾아 번호를 써 보세요.

효자 호랑이

옛날 옛적에 어머니를 모시고 사는 아들이 있었습니다.

하루는 산(2)에서 나무를 하고 있던 아들 앞에 호랑이가 나타났습니다.

깜짝 놀란 아들은 재빨리 머리를 써서 호랑이 앞(⑥)에 엎드리며 말했습니다.

"아이고 형님, 어렸을 적에 산에 갔다 돌아오지 않아 죽은(③) 줄로 알고 있었습니다.

그런데 어제(⑤) 제 꿈속에 형님이 나타나 호랑이로 변했다고 말했습니다."

호랑이는 아들의 거짓말에 속아 넘어가서 말했습니다.

"네가 어머니(⑧)를 잘 보살펴 드리렴. 나는 이 몸 때문에 집에 돌아갈 수가 없구나."

그 후로 호랑이는 며칠마다 몰래 찾아와 마당에 땔감을 부어(④)놓고 가기도 했고, 어머니가 병(⑦)에 걸리자 약(①)이 되는 풀과 동물을 가져다 놓기도 했습니다. 아들은 크게 감동하여 호랑이의 이야기를 세상에 널리 널리 알렸습니다.

보기 (메 산)

① 藥 ② 山 ③ 死 ④ 注 ⑤ 昨 ⑥ 前 ⑦ 病 ⑧ 母

1 ②

2 ⑥

3 ③

4 ⑤

5 ⑧

6 ④

7 ⑦

8 ①

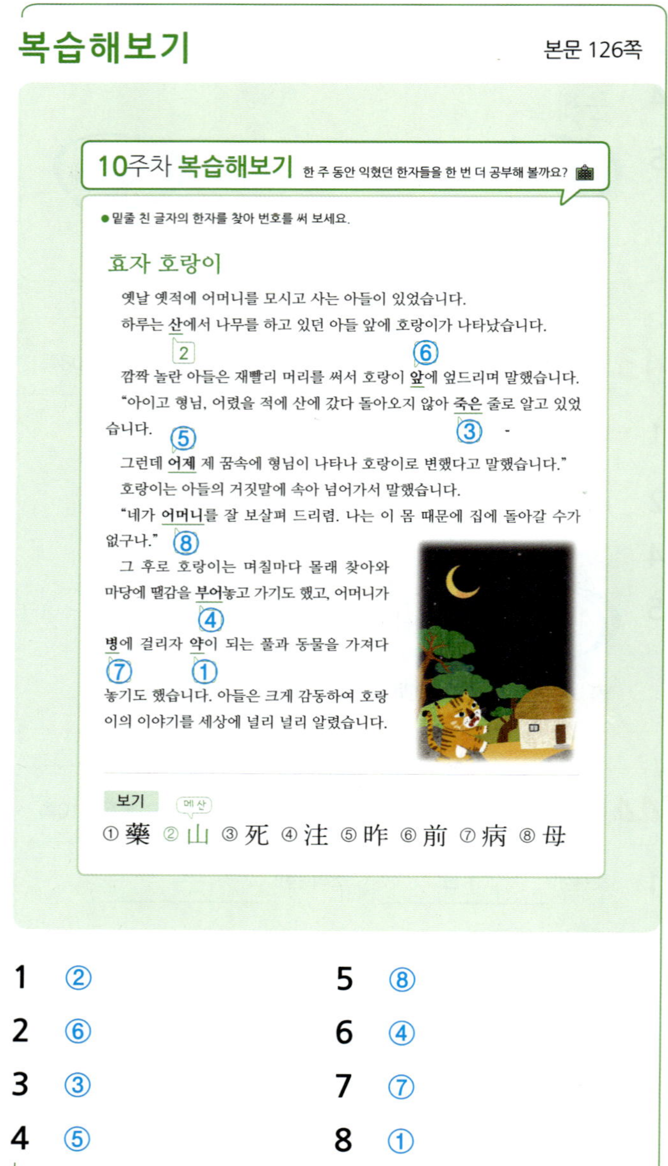